KB119451

나만의 브랜드로
꿈을 디자인하라

나만의 브랜드로 꿈을 디자인하라

**초 판 1쇄** 2023년 12월 14일

**지은이** 잇선(박지선)
**펴낸이** 류종렬

**펴낸곳** 미다스북스
**본부장** 임종익
**편집장** 이다경
**책임진행** 김가영, 박유진, 윤가희, 이예나, 안채원, 김요섭

**등록** 2001년 3월 21일 제2001-000040호
**주소** 서울시 마포구 양화로 133 서교타워 711호
**전화** 02) 322-7802~3
**팩스** 02) 6007-1845
**블로그** http://blog.naver.com/midasbooks
**전자주소** midasbooks@hanmail.net
**페이스북** https://www.facebook.com/midasbooks425
**인스타그램** https://www.instagram/midasbooks

© 잇선(박지선), 미다스북스 2023, *Printed in Korea*.

**ISBN** 979-11-6910-415-9 03190

값 20,000원

# DESIGN
# A DREAM
## *with your*
# BRAND

## 나만의 브랜드로
## 꿈을 디자인하라

### 1인 창업가를 위한 브랜드 성장 전략

잇선(박지선) 지음

미다스북스

프롤로그

## 꿈을 그리는 여자는
## 그 꿈을 닮아간다

20대 초반에 코엑스 전시에서 카림 라시드의 가구 디자인을 보고 신선한 충격을 받은 나는 산업디자인과에 20대 중반에 편입해 공부했다. 그때부터 나는 꿈이 생기면 노트에 적고 상상하는 것을 즐겼다. 그 상상은 곧 현실이 되어 크고 작은 꿈들이 모두 이루어지는 경험을 했다.

졸업 후에는 디자인 에이전시에서 경력을 쌓고 최종적으로 화장품 VMD라는 생소한 직업을 만나게 되었다. 국내외 뷰티 브랜드의 매장을 디스플레이하고 제품을 정리하는 집기를 디자인하는 일이었다. 그래픽 디자인부터 가구, 인테리어, 디스플레이, 프로모션, 커뮤니케이션 등을 경험하며 다양한 브랜드 기획과 디자인, 브랜딩 감각을 배웠다.

30대에는 결혼과 동시에 회사에서 퇴사 후 창업하게 되었다. 나는 내 브랜드를 시작하는 꿈을 오랫동안 그려왔다. 그 시작은 신혼집 안방을 작업실로 시작한 향초 브랜드 창업이었다. 신혼집 안방을 매장처럼 꾸며 놓고 내 브랜드를 세상에 내놓기 위해 제품기획부터 사진 촬영, 판매, 홍보 마케팅까지 모든 것들을 혼자 만들어가며 5년 동안 나만의 브랜드를 만드는 꿈을 이룰 수 있었다. 이 외에도 8가지의 창업 아이템을 시도하며 실패와 성공의 과정을 맛보았다.

인생이 계획대로 흘러가면 좋겠지만 여자들에게는 인생에 많은 장벽이 존재한다. 나 또한 육아를 시작하면서 처음으로 나의 꿈에 브레이크가 걸렸다. 하는 일들과 목표했던 꿈들을 모두 내려놓고 아이에게만 집중하다 보니 산후 우울증이 찾아왔다. 그럼에도 나는 3년 동안 매일 책을 한 권씩 읽으며 다시 세상에 나갈 준비를 했다. 1,000권 정도의 책을 읽고 SNS에 기록했다. 책을 좋아하는 엄마들과 소통하기 시작하면서 다시 나의 꿈도 고개를 들기 시작했다. SNS에서는 엄마이면서도 너무나 멋지게 자신의 꿈과 일을 해내는 사람들이 많았다.

그들을 보면서 나도 다시 꿈을 그리기 시작했다. 잇선(선을 잇다)이라는 새로운 이름을 만들어 주고 내가 그동안 경험했던 15년간의 디자인과 7년간의 창업 경험을 공유하기 시작했다. 유튜브를 시작으로 나는 다시 세상에 나갈 준비를 했다. 현재는 브랜드 창업을 꿈꾸는 사람들을 돕기 위해 SNS 브랜딩 코치, 브랜드 창업 컨설턴트, 브랜딩 디자이너, 콘텐츠 크리에이터, 강사로 다양하게 활동하고 있다.

이 외에도 책을 통해 인생을 바꾸고 성장하고 싶은 사람들과 독서모임 〈잇북클럽〉을 운영하고 있다. 꿈을 설계하고 실현해 나가는 동기부여, 자기 계발, 브랜딩 책을 함께 읽고 꿈의 멘토, 북 큐레이터로 활동 중이다.

인생의 중반쯤이 되니 나의 다양한 경험과 지식을 책으로 정리하고 싶었다.

세상에서 단 하나밖에 없는 나만의 스토리를 많은 사람에게 도움이 되는 글로 전하고 싶었다. 책 쓰기는 죽기 전에 꼭 이루고 싶은 꿈의 리스트 중의 하나였다. 내가 꿈을 이루면 누군가의 꿈이 된다. 꿈을 잃어버린 사람들에게 영감을 주고 다시 꿈을 찾아주는 멘토, 작가, 강연가가 되는 것이 나의 또 하나의 꿈이다.

인생을 바꾸기 위해서는 수많은 요소가 있지만 가장 중요한 것은 실행력이다. 실행력은 자기 확신에서 오지만 대부분 확신을 갖기가 어렵다. 누구에게나 자신만의 잠재력과 꿈의 씨앗이 존재하지만 더 나은 인생을 살아갈 능력이 있음에도 대부분 사람은 아무것도 시도하지 않는다. 새로운 도전을 하려면 두려움, 저항, 불편함을 감수해야 하기 때문이다. 나에게도 이런 마음이 존재하지만 나는 인생을 바꾸고 싶다는 열망이 더 강해서 모든 도전과 실패를 거듭하면서 나만의 경험과 노하우를 쌓아나갈 수 있었다. 이 모든 성장의 과정에서는 멘토와 가족, 주변 사람들의 도움이 있었다.

꿈을 향해 포기하지 않고 계속 나아갈 수 있었던 건 어린 시절부터 옆에서 항상 내 편이 되어 응원해준 나의 어머니 덕분이다. 나의 열정과 추진력은 60대까지도 배움을 한 번도 놓지 않으셨던 어머니를 보고 자랐기 때문이다. 묵묵하게 평생 성실하게 일해오며 내가 꿈을 그릴 수 있도록 디딤돌이 되어준 아버지께도 감사드린다. 항상 나보다 한발 더 앞서

나만의 브랜드로 꿈을 디자인하라

가 새로운 길을 보여주고 늘 조언을 아끼지 않는 언니가 있어 언제나 든든하고 고맙다.

내가 오랫동안 사업을 할 수 있었던 건 늘 나의 꿈을 응원해주고 무조건 내편이 되어주는 남편과 나를 엄마라는 이유로 아낌없는 사랑을 주는 아들 하빈이가 있기 때문이다. 가족들에게 정말 고맙게 사랑한다고 전하고 싶다.

나의 소중한 경험을 책으로 펴낼 수 있도록 나의 가치를 알아봐 주고 도움을 주신 멘토 허지영 작가님께도 고마움을 전하고 싶다. 원고를 한 번에 알아봐 주고 함께 힘써주신 미다스북스 출판사에도 감사드린다.

이 책을 통해 내가 어떻게 꿈을 찾고 나만의 브랜드를 만들 수 있었는지의 15년간 겪었던 경험의 과정을 담았다. 지금 길을 잃고 헤매는 사람에게 한가지라도 도움이 되었으면 좋겠다는 마음으로 온 열정을 다해서 책을 써냈다.

지금 당장 잃어버린 꿈을 찾고 열정을 향해 인생의 변화를 시도하자. 잊고 지냈던 자기 잠재력을 하나씩 꺼내다 보면 어느새 목표 지점에 와 있는 자신을 발견할 수 있을 것이다.

이 책을 쓰고 있는 지금 나는 또 하나의 꿈을 이뤘다. 독자들도 잃어버린 꿈을 다시 찾는데 이 책이 작은 희망이 되었으면 좋겠다.

"오랫동안 꿈을 그리는 사람은 마침내, 그 꿈을 닮아간다."

- 앙드레 말로 -

# 목차

*ch.1*

## 꿈을 그리는 여자는
## 그 꿈을 닮아간다

*ch.4*

**자발적 열성고객을 확보하는**
**8가지 홍보전략**

*ch.5.*

## 꾸준히 사랑받는
## 브랜드로 남는 길

# DESIGN
# A DREAM
*with your*
# BRAND

*ch.1*

꿈을 그리는 여자는
그 꿈을 닮아간다

DESIGN A DREAM *with your* BRAND

# 1.

## 나만의 이유에서 시작하라

내가 창업을 선택한 이유는 내가 하고 싶은 일을 스스로 창조한다는 자유, 스스로 결과를 만들어내는 성취감, 세상에 도움이 된다는 자부심 때문이다.

나는 브랜드 창업을 통해 스스로 월급을 만들어낼 수 있는 경제적 자유가 생겼고 원하는 시간대에 원하는 만큼 일할 수 있는 시간적 자유도 얻었다.

무언가를 창작 할 때의 설렘, 희열, 기대, 성취감은 지속해서 행복을 가져다준다. 내가 만든 회사는 아침 7시에 일어나서 지옥철을 타고 8시간 동안 일하고 상사의 눈치를 보며 야근하지 않아도 되는 일이다. 12시간을 일해도 그 대가를 누군가에게 바라지 않으며 스스로 행복과 성취감을 얻을 수 있는 일이다. 4시간을 일해도 얼마든지 내 시간을 자유롭게 사용하며 육아와 일을 병행할 수 있는 일이기도 하다. SNS와 수많은 플랫폼과의 협력 덕분에 직원이 없어도 혼자서 나의 사업을 운영할 수 있다.

회사에서는 시키는 일만 수동적으로 하므로 일에 만족감이 생기지 않았다. 정해진 일이 안정적이고 편안한 사람들도 있을 것이다. 회사에서 주는 월급이라는 안정감 때문에 많은 사람들이 하기 싫은 일을 하면서도 그곳에서 나오지 못한다. 각자의 시기만 다를 뿐 언젠간 우리는 모두 회사에서 나와야 한다. 자신의 힘으로 세상에 서는 법을 빨리 배우지 않으면 50대 이후에는 나오기가 더 힘들어질 것이다.

처음, 내 브랜드 이름을 만들고 사업자 등록을 하던 그날 나는 회사의 소속이 아닌 나 스스로를 세상의 중심에 세울 수 있게 되었다. 나를 세상의 중심에 세우게 되면 좋은 점이 있다.

첫째는 목표를 크게 세울 수 있고 넘어지더라도 다시 일어서서 도전해 나갈 수 있다.

둘째는 내가 세상의 중심이 되면 남의 눈치를 볼 필요가 없어진다. 내 일에만 온전히 집중할 수 있으며 내가 하는 일에 온전히 몰입할 수 있다.

셋째, 결과에 대해 크게 중요하게 여기지 않는다. 내가 하는 일의 결과와 상관없이 꿈의 과정에서 충분히 행복했다면 실패했더라도 성공으로 가는 과정이라고 생각한다.

내가 세상의 부속품이 아닌 세상의 중심이란 생각으로 살아간다면 어떠한 어려움도 극복해 낼 수 있는 강한 힘이 생기게 된다. 우리는 모두 가슴속에 꿈을 품고 있고 그것을 이룰 능력을 갖추고 태어난다.

나는 창업 컨설팅을 하면서 창업을 고민하고 꿈꾸지만 망설이는 사람을 많이 만나보았다. 그들은 회사에서 나오고 싶어 하지만 두려움과 불안 때문에 그곳에서 나오지 못하며 계속 현실에 안주하며 살아간다. 세상의 중심에 자신을 세우면 스스로 매일 변화와 기회를 만들어 나갈 수 있다. 자본금이 없어도 SNS를 통해 자신의 경험과 지식을 콘텐츠로 만들고 서비스를 판매할 수 있다. 하지만, 세상은 만만한 곳이 아니어서 나의 경험을 돈 받고 팔 수 있으려면 남들과 다른 차별화된 관점과 해결점을 제시할 수 있어야 한다. 회사에서보다 몇 배로 노력해야만 살아남을 수 있는 치열한 시장이기도 하다.

나는 그동안 쌓아온 15년간의 디자인 커리어와 7년간의 창업노하우를 수강생들에게 실질적으로 적용할 수 있게 쉽게 알려준다. 한 달에 수십 권의 책을 사서 읽고, 강의를 듣고 끊임없이 공부하며 나를 계속 성장시킨다. 내 경험과 지식을 돈으로 바꾸려면 그만큼의 노력이 필요한 법이다. 내가 아는 지식을 상대방에게 전수할 수 있다는 것은 내 지식을 완전히 소화해서 내 것으로 만들었다는 의미이기도 하다.

직장은 평생 나를 책임져주지 않는다. 아주 작은 것이라도 사람들이 원하고 불편하고 고민하는 것이 무엇인지 생각해 보면 그게 나의 사업거리가 된다.

집 안을 정리하는 방법, 살림 노하우, 육아 노하우, 재테크 노하우, 가계부 쓰는 법 등의 사소한 것들도 블로그나 유튜브 인스타그램에 올리면 콘텐츠가 된다.

일본의 정리컨설턴트 곤도 마리에는 자신만의 정리 노하우를 방송으로 책으로 콘텐츠를 만들어 정리로 세계적인 정리전문가가 되었다. 내 주변에서도 정리를 잘하는 사람들은 많다. 하지만 곤도 마리에처럼 자신이 좋아하는 일을 콘텐츠로 만들어 전 세계가 알아주는 브랜드로 만드는 사람은 흔하지 않다. 자신의 생각의 크기에 따라 결과는 달라진다. 자신이 하루 중 가장 많은 시간을 쓰는 것이 무엇인가? 그것이 정리, 살림, 육아, 독서 그 어떤 것이든 자신이 가장 몰입하고 좋아하는 일을 콘텐츠로 만들면 곤도 마리에처럼 세계적인 브랜드가 될 수 있다고 믿는다.

지금의 안정감을 위해 하기 싫은 일을 하며 정해진 시간과 정해진 월급만 바라고 사는 삶은 미래를 보장해주지 않는다. 회사를 위한 일이 아닌 진짜 자신이 사랑하는 일을 찾아야 한다.

의미 없이 커뮤니티에서 만든 닉네임부터 의미 있게 바꿔보자. 나는 육아로 경력단절을 3년 겪은 후 '잇선'이라는 이름으로 1인기업을 다시 시작했다. 수많은 점을 찍어온 과거를 연결해 선을 만들고 싶다는 바람과 365일 끊임없이 점을 찍어 선을 만들어가겠다는 노력의 의미가 있기도 하다.

나의 이미지를 가장 성공한 크리에이터이자 사업가라고 상상하고 진짜 그렇게 된 거처럼 일한다. 되고 싶은 롤모델과 하고 싶은 것이 있다면 자신의 닉네임에 꿈과 비전을 담아 이름을 만들어보자. 자신의 가치는 그 누구도 아닌 자신이 결정하는 것이다.

자신이 하고 싶은 일, 세상에 필요한 일이 무엇인지 남에게 묻지 말고 치열하게 스스로 고민해야 한다. 무엇이든 일상에서 좋아하는 일을 SNS

에 기록해 나가다 보면 내가 잘하는 일이 세상에 필요한 일과 일치되는 순간이 온다.

그 순간에 집중하고 모든 에너지를 쏟아부으면 평범했던 그 일이 전 세계인이 사랑하는 브랜드가 된다고 상상하고 무엇이든 해보자. 이제는 두려움으로 미루기만 했던 자신의 잠재력을 간절함으로 바꿔 꿈의 창업을 준비할 때이다.

# 2.

## 아직 꿈을 이루기 위한 충분한 시간이 있다


인생의 절반쯤 살아온 중반을 바라보는 나이가 되면 앞만 보고 달려왔음에도 이루어놓은 건 없다는 허무함이 밀려올 때가 있다. 인생이 쳇바퀴 굴러가듯 제자리인 느낌말이다.

20~30대에는 아직 인생의 시간이 많이 남아 있다는 생각에 절실한 마음으로 살아가지 않았다. 잘살아보려고 부단히 애써왔는데 일을 그만두고 아이를 낳고 나니 다시 원점으로 돌아간 느낌이었다. 어디서부터 다시 시작해야 할지 내가 무엇을 좋아하고 무엇을 잘하는지조차 알 수 없어 방황했다. 마흔이 되면, 어느 정도 사회적으로 성공을 할 줄 알았다. 다시 시작해야 한다는 허탈감, 이제 더 이상 실패하면 안 된다는 두려움, '다시 시작하기에 너무 늦은 건 아닐까?'라는 조급함이 몰려왔다. 마흔을 바라보는 나이에 주변의 친구들을 보면 꿈을 꾸지 않는다. 현실에 안주하며 예전 같지 않다는 말로 서로를 위안 삼는다. 마흔에 관련된 책이 수도 없이 많은 거 보면 이런 마음은 나 혼자만의 것은 아닌가 보다.

그럼에도 마흔에 대한 관점을 바꾸면 좋은 것들이 훨씬 많다는 사실을 깨닫는다. 마흔은 인생의 전반을 들여다보고 인생의 후반을 준비할 수 있는 하프타임이다. 인생의 전반을 통해 내가 축적해 온 경험을 후반전에 멋지게 준비할 수 있는 의미 있는 시간이다.

나는 이 시점에 육아를 시작하면서 달려만 왔던 인생에 처음으로 브레이크를 걸고 나를 들여다보는 시간을 가질 수 있게 되었다. 나의 전반전을 들여다보며, 나의 잠재된 가능성을 다시 꺼내기 위해 준비하는 시간이 주어진 것에 감사한다.

과거의 점들이 선이 되리라 믿으며 이름까지 잇선으로 바꿔서 만들어 주니, 인생의 후반전이 더 기대되고 설레었다.


내가 10대에 『중국견문록』 책에서 만난 한비야는 20대 중반에 대학교에 입학했고 30대 이후에 취업했으며 30대 중반에 세계여행을 떠나, 거의 10년의 세월을 여행으로 보냈다. 그 후 자신이 가슴 뛰는 일을 찾아 긴급구호 현장에서 일했다. 그 후에 50이 넘어서도 공부하고 싶은 열정으로 박사학위를 받았고 60대가 넘어 결혼했다. 내가 그녀를 좋아하는 이유는 남들의 삶과 속도를 맞추지 않고 자신만의 속도로 자신이 하고 싶은 일은 뭐든지 한다는 것이다.

남들과 비교하지 않는 삶, 내가 원하는 삶을 살기 위해서는 나 자신이 무엇을 좋아하는지 알아야 한다. 그녀는 일기장과 편지로 자신과의 대화를 많이 나눠보라고 말한다.

친구와 관계를 맺을 때도 서로 교환일기를 쓰며 더 돈독해진 관계를 느껴본 적이 있지 않은가? 반면, 그 친구와 대화가 멀어지면 자연스럽게 관계도 거리가 생기는 경험이 있을 것이다. 그 친구를 나로 정하고 매일 편지를 쓰는 방법도 자신을 이해하고 친해지는 데 도움이 될 것이다.

인생의 중반, 마흔에 대한 관점을 바꿔 좋은 점 10가지를 적어보았다.

첫째, 20대에는 당연해서 돌보지 않았던 건강에 대해 생각해 보게 되며 운동하는 시간을 하루에 꼭 가지게 된다. 체력이 능력이라는 말이 이해되는 나이다.

둘째, 20대에는 생각해보지 않았던 배려심과 공감 능력도 늘었다. 수많은 사람을 만나오며 상처를 주고받는 경험을 통해 배려가 얼마나 중요한지를 알게 되었다.

셋째, 그동안 축적해 온 경험과 기술을 통해 더 나은 사업을 구상할 수 있게 되었고 나의 그릇은 20대보다 10배는 커졌다.

넷째, 인생에서 겪을 수 있는 많은 일들을 통과해 오면서 그동안 받아 온 수많은 행운에 감사한다. 아직 아프지 않고 살아갈 수 있다는 사실이 고맙고, 그동안 누려왔던 행운이 당연한 것이 아니었다는 것도 알게 된다.

다섯째, 20대에는 나 자신만을 위해 살았고 내가 하고 싶은 일을 하는 게 전부였다면 이제는 아이를 책임지고 누군가에게 도움이 되는 삶을 생각하게 된다.

여섯째, 인생의 후반전이라는 생각에 내 인생을 좀 더 잘살고 싶어지는 마음의 간절함이 더해진다. 그동안 축적해 온 경험들로 결단력, 행동력은 더 빨라진다.

일곱째, 인생에는 사계절이 있다는 것을 이해한다. 인생은 늘 잘될 수만 없다는 것을 알게 되었고 실패를 통해 타인의 어려움을 이해할 수 있었다. 내 인생에도 자만하지 않고 겸손해진다.

여덟째, 인생은 마라톤이라는 걸 깨닫고 평생을 배우는 자세로 살아간다는 마음가짐을 갖게 된다. 내 인생은 언제 편해지냐는 생각이 아닌 고통이 성장이라는 것을 깨닫게 되었고 고통을 즐길 수 있게 되었다.

아홉째, 술자리보다 나 자신과 노는 게 더 재미있어진다. 나 자신의 무한한 잠재력에 대해 계속 알고 싶어진다. 친구가 없어서 외롭다는 생각보다는 나 자신을 알아 갈 수 있는 시간이 주어진 것에 감사한다.

열 번째, 나를 돌아보는 시간이 생기면서 내가 더 좋아진다. 부족한 나도 최고의 나라고 칭찬해 주며 사랑해 주는 마음의 여유가 생긴다. 더불어 나 자신을 사랑하는 만큼 타인도 사랑해 줄 수 있는 마음의 여유가 생긴다.

나는 20년간 축적된 경험을 정리해 더 나은 40대를 만들기로 다시 결심한 순간부터 모든 일이 재밌어지고 나의 미래가 궁금하고 설레기 시작했다. 그동안 내가 걸어온 길이 헛되지 않았음을 증명할 시간이 온 것이다. 내가 걸었던 모든 길은 성공의 길로 이어진다. 살아오면서 허튼 경험은 없다.

아직, 인생에서 커다란 숯을 만들어본 적이 없다면 아직 숯을 쏘아본 적이 없는 것이다.

켄터키 프라이드치킨의 창업자 커넬 샌더스는 1,008번이나 거절당하면서도 자신을 믿었다. 모두가 불가능하다고 할지라도 자기의 독창적 요리법은 반드시 빛을 볼 것이라는 신념으로 도전한 결과, 1,009번째 시도에서 투자자를 찾았고 그의 믿음대로 65세에 KFC는 성공했다. 그는 1,008번의 실패를 했고 1,009번째 성공해서 65세에 자신의 꿈을 이뤘다.

빅토르 위고는 『레미제라블』을 60세에 집필했고 알리바바를 창업한 마윈은 30번의 실패 후 36세에 성공했다. 미래산업창업 정문술 대표는 45세에 창업하여 800억 원을 벌고 500억 원을 기부했다. 짐 시네갈은 코스트코를 47세에 창업해 전 세계 720점의 지점을 만들었다.

잡코리아 김승남 대표는 56세에 창업해 1,000억에 매각했다. 김승호는 미국 이민 후 20년간 실패 경험을 쌓고 김밥 장사로 4,000억을 달성했다. 켈리 최 회장은 40대에 10억의 빚이 있었지만 초밥 창업으로 6,000억 자산가가 되었다.

우리는 아직 인생의 절반도 살지 않았으면서 지금 와서 꿈을 꾸는 게 무슨 의미가 있냐고 생각하고 아무것도 하지 않는다. 하지만, 아직 우리의 인생은 절반도 더 남았으며 지금 무언가 하지 않으면 내 인생의 절반 이상을 누군가에게 의지하며 살아가야 한다.

내 인생은 아무도 책임져주지 않는다. 반드시 스스로 치열하게 고민하고 다시 꿈을 찾아 목표를 향해 한 걸음씩 다시 걸어 나가야 한다.

꿈을 이루는 과정 중에 실패는 실패가 아니라 성공으로 가는 경험축적의 과정이다. 그 경험이 차곡차곡 쌓여 성공을 만든다. 성공하기엔 너무

늦었다고 생각하지 말고 과거의 나의 실패를 디딤돌 삼아 새로운 꿈의
로드맵을 만들어보자. 아직 꿈을 이루기 위한 충분한 시간이 남아 있다.

# 3.

## 잊힌 나를 만나 다시 꿈을 그려라

어린 시절에는 누구나 약간의 소질이라도 보이면 어른들은 칭찬하며 "우리 아들 과학자 되겠네.", "우리 딸 의사 되겠네." 하며 큰 기대감을 품곤 한다. 나이가 들수록 그 기대감은 50%로 줄어들며 점차, 그 꿈은 잊히기도 한다. 결혼하고 아이를 키우다 보면 어릴 적 꾸었던 꿈들은 잿빛처럼 사라져 버리고 어느 시점에는 내가 뭘 잘하고 좋아했는지도 모르게 될 때가 오기도 한다. 그럴 때, 나는 어린 시절과 20대에 좋아하고 몰입했던 순간들을 떠올려보았다.

"난 커서 뭐가 될 거야."라고 결심하지 않았을 때도 물 흐르듯 내가 잘하고 좋아했던 일 말이다. 이유 없이 무언가에 몰입했던 그때 말이다.

초등학교 시절, 어렸던 나는 누가 시키지 않아도 옷을 사 입고 댄스가수의 의상과 머리 맵시를 따라 하며 장기자랑에 예쁜 옷을 입고 춤을 추었다. 누구나 어린 시절 가수의 팬이 되어본 경험이 있을 것이다. 나는 여자가수들을 좋아했다. 룰라의 김지현, 영턱스의 임성은, 양파는 팬클럽까지 들어가면서 직접 따라다니기도 했다. 그녀들이 예쁜 옷을 입고 춤추는 모습이 나의 동경의 대상이었다. 춤도 좋아했지만, 가수들이 입고 나오는 옷과 비주얼에 더 끌렸던 것 같다.

자연스럽게 20살에 패션디자인과에 지원했지만 떨어졌고, 그 후 유학을 꿈꾸기도 했지만, 패션학원에 다니고 의상실에 취업해서 잠깐 일해본 경험으로 나의 꿈은 무산되었다.

30대 후반에 아기를 낳고 어릴 적 못 이룬 꿈을 이루겠노라고 패션쇼핑몰을 오픈하고 촬영하고 판매도 해봤지만, 옷을 좋아하는 것과 옷을 판매하는 것은 전혀 다른 일이었다. 시기적으로 육아가 우선순위였기 때문에 얼마 못 가 막을 내렸다. 지금도, 여전히 예쁘고 옷 잘 입는 SNS의 사진들을 훔쳐보며 대리만족하곤 한다. 미에 대한 욕구와 관심이 크고 아직도 패션, 뷰티 브랜드를 만들고 싶은 열망은 나의 꿈 리스트에 적혀 있다.

초등학교 6학년 때 내가 몰입했던 유일한 공부는 방학에 과제로 받았던 탐구생활이었다. 유일하게 내가 최우수상을 받은 과제였다. 책 안에 종이를 붙여가며 이것저것 꾸미는 것이 좋았던 것 같다. 그 후, 고등학교 때부터 시각디자인을 전공하게 되었는데 적성에 잘 맞아 '포토샵'과 '일러스트'를 가장 잘하는 학생이 되었다. 생각해 보면 참, 운이 좋았다. 성적에 맞게 우연히 들어간 학과였는데 적성에 잘 맞아 즐겁게 공부할 수 있었다.

새 학기 초에 받는 새 교과서를 포장할 때가 가장 좋았다. 책의 디자인이나 편집이 좋아서였지 그 안의 지식에는 관심이 없었다. 하지만 성인이 되고 나는 책을 가장 좋아하는 사람이 되었다. 예쁜 표지와 제목, 안의 편집 디자인, 글꼴, 컬러 등을 보면 마음이 설렌다. 그 안의 누군가의 인생의 지혜가 한 권의 책으로 담겨 있다는 것이 정말 값지게 느껴져서 책을 많이 구매하고 책을 읽을 때 가장 행복하다. 결국 내 책을 지금 쓰고 있고 가장 아름다운 책을 만드는 출판도 해보고 싶다.

최근에는 '잇북클럽'이라는 독서 모임 커뮤니티를 만들어 책을 읽고 공유하며 스터디 공간도 만들었다. 문구류와 굿즈도 함께 만들어 독서모임에 함께하는 분들에게 나눠주고 있다.

어린 시절부터 책상, 엄마 화장대, 설거지, 화장실 정리와 청소를 하는 것에서 짜릿한 성취감을 느꼈다. 초등학교 이후로 내 방이 생기자 나는 가구를 주어다 빨강과 하양을 섞어 딸기 우유색을 만들어 페인트칠하고 행복해했다. 아빠가 침대를 만들어주었는데 침대가 생긴 사실이 너무도 좋았던 기억이 난다. 이때부터 컬러를 만드는 즐거움을 알고 있었는데 20대에는 컬러리스트 자격증을 취득하고 지금은 브랜드 컬러 전문가로 비즈니스에 가장 많이 활용하고 있다. 어린 시절 내 꿈에 대한 힌트를 얻었으면 좋았겠지만 나 자신조차도 그것이 나의 꿈의 단서인지 알지 못했다. 꿈을 이루기 위한 목표도 방법도 몰랐기에 나의 10대는 의미 없이 놀면서 지나갔다. 하지만, 어릴 적 꿈의 단서는 성인이 되어 코엑스 전시에서 카림 라시드의 가구 디자인을 보고 반해버렸고 꿈을 현실로 만들기 위해 나는 산업디자인과에 편입하게 되었다. 졸업 후에는 화장품 VMD(디스플레이)라는 직업을 가지면서 매장의 집기를 디자인하고 디스플레이하는 일을 하게 되었다. 2D와 3D를 함께 할 수 있는 그래픽디자인, 가구, 인테리어, 디스플레이, 화장품, 뷰티, 브랜딩 모든 것을 경험할수 있었다. 이때 국내외 뷰티 브랜드 VMD기획서를 모두 접하면서 브랜딩에 관심을 가지게 되었고 추후 나의 브랜드 창업에도 도움이 되었다.

결혼 후에는 나는 향초 브랜드를 만들어 5년 동안 운영하며 그래픽, 패키지, 공간 디자인, 디스플레이, 제품 디자인, 홈페이지, SNS 운영 등의 브랜드의 모든 것을 컨트롤하며 고객들의 사랑을 받았다.

육아를 하며 3년간 모든 일을 멈추게 되었지만 그 시간도 허투루 보내지 않았다. 3년 동안 1,000권 정도의 책을 읽고 다양한 강의를 들으며 세상에 다시 나올 준비를 했다. 그 후, 내가 경험했던 지식을 유튜브에 공유하며 브랜드 창업을 꿈꾸는 사람들에게 브랜드 디자인 강의, 컨설팅을 해주는 IDS 브랜드디자인랩을 운영하고 있다.

인생의 어느 시점에 내가 누군지 모르겠고 내가 어떤 꿈을 꾸었는지 내가 뭘 좋아했는지 혼돈의 시기가 오게 마련이다. 이때, 어린 시절에 몰입했던 일, 누가 시키지 않아도 좋아서 했던 일, 이익이 되지 않아도 좋아서 했던 일이 무엇이었는지 글로 한번 써보길 바란다.

어릴 적 내가 좋아했던 일에서 꿈의 단서를 찾으면 다시 꿈을 그릴 수있는 용기와 도전이 생긴다.

# 4.

## 사업 고민보다 실행하라

누구나 창업을 꿈꾸고 부자가 되고 싶어 한다. 언젠가 시작하겠다는 생각으로 책을 사들이고 강의를 듣고 각종 세미나 모임에 들어간다. 컨설팅받기도 하지만 시작하지는 않는다. 혹시, 잘못되면 그 대가를 치르고 싶지 않은 실패에 대한 두려움 때문에 시작하기 어려워한다. 시작해야 실패해보고 다시 개선해야 성공으로 갈 수 있다. 실패가 무서워 시작도 못 하면 평생 끌려다니는 인생을 살 수밖에 없다. 시작이 늦어지면, 점점 더 두려움의 크기는 커지게 되어 시도조차 못 하고 아이디어로 묻히고 만다.

빌 게이츠, 마크 저커버그, 제프 베조스, 스티브 잡스…. 그들은 모두 20대에 창업했고, 자신이 원하는 일들을 이루어내기 위해 그 일에 온전히 몰입했다.

내가 아는 빠르게 부자가 된 창업가들을 보면 대부분 20대에 작은 창업을 시작했다.

남이 보기엔 30대에 사업으로 운이 좋아 빠르게 성공한 거 같지만, 이들은 남들이 취업 때문에 스펙을 쌓고 있을 때 작게나마 자신만의 일을 빠르게 시작했다. 20대의 수많은 실패를 먼저 경험한 후에 그 노하우를 공부하고 다시 시도해서 30대에는 남들보다 일찍 성공할 수 있었다.

나도 30대에 비교적 일찍 창업을 한 편이지만, 20대에 왜 내 사업을 할 생각을 하지 않고 회사에 들어갈 생각만 했는지 아쉬울 정도다. 주변에서 모두 좋은 회사에 가기 위해 노력하는 친구들만 존재했다. 부모님 또한 좋은 회사에서 안정적으로 일하는 것이 정답이라는 신념을 심어줬기에 내 삶에 창업은 생각해 보지 않은 일이었다.

30대에도 나는 사업가를 꿈꿨다기보다는 그저 하고 싶은 일로 내 브랜드를 만들어보고 싶다는 것이 꿈이었기 때문에 큰 부담 없이 가볍게 시작할 수 있었다.

나는 아이디어가 떠오르면 소자본으로 일단, 실행해 본다. 어차피 실패하더라도 내가 잃어버리는 것은 소액의 돈과 실패했다는 약간의 좌절감인데 이는 고민만 하는 것과는 차원이 다른 경험을 선물해 준다. 창업해서 실제로 부딪쳐 보니 창업에 필요한 모든 일을 하나씩 배울 수 있었다. 몇 개월을 낭비했던 첫 번째 사업에서 배운 것들을 두 번째, 세 번째 사업에서 적용해 전체과정은 갈수록 단축되어, 같은 실수는 두 번 반복하지 않게 되었다.

나는 20살부터 꿈꿔왔던 패션쇼핑몰을 아이를 낳고 뒤늦게 시도해 본 적이 있다. 그렇게 부러워하던 패션쇼핑몰의 일이 지금의 나에게는 맞지 않는다는 사실을 깨달았다. 이 일을 시도하지 않았다면 나는 마음속에 계속 미련을 버리지 못했을 것이다.

실패하더라도 무언가 도전했던 경험은 배움의 가치를 가져다준다. 패션쇼핑몰을 기획해 보면서 도매시장의 문제점과 시장분석을 할 수 있었다. 다시 패션사업을 한다면 어떤 점을 개선하고 공부해서 준비할지에 대한 다음 스텝에 대한 고민을 할 수 있게 되었다.

무언가를 시도하고 실패하면 방향을 조금 틀어서 다시 시도해 보는 것은 창업가에게 필수적인 과정이다. 내가 이 일을 가슴에만 품고 시작하지 않았다면 나는 평생 내 꿈에 한을 가지고 살며, '그때 왜 안 했지.'라는 후회하며 누군가를 탓했을지도 모른다.

20세에 백만장자가 된 『나는 돈 없이도 사업한다』 프레이저 도허티는 열여섯 살에 자신의 브랜드 슈퍼 잼을 영국 초대형 유통업체에 납품한다. 그는 10대 때부터 무언가를 만들고 파는 일을 계속해왔다. 남들과 다른 어린 시절을 보낸 덕에 수백 건의 사업 실패와 몇 건의 성공을 맛보았다. 수많은 엉뚱한 아이템에 매달려 시도한 사업에서 거의 모은 돈을 투자해 회수에 실패했다. 그럼에도 창업가의 열망을 접지 않고 또 다른 시도를 했다. 끊임없이 일을 벌임에도 한 번도 부모님은 아이의 의욕을 꺾지 않았다. 결국 그는 비어 36으로 45억을 벌었고 세계를 돌아다니며, 강연가로 활동하고 있다. 잼 사업 아이디어를 현실로 만드는 데는 나무 주걱 하나, 10대의 낙천적 사고방식, 주말의 시간이면 충분했다. 사업은 거창한 것이 아니다. 내가 매일 하고 있는 작은 것이 사업 아이템이 될 수 있다. 일단, 작은 것부터 실행해보며 실패의 과정을 겪고 그다음 단계에서 더 큰 것을 시도해볼 수 있는 그릇이 커지게 되는 것이다.

『부의 추월차선』 엠제이 드마코는 최고의 사업 계획은 실행실적이라고 했다. 종이에 적힌 아이디어 대신 실제로 실행되어 눈으로 확인할 수 있는 개념을 보여준 덕분에 벤처자본가들과 벤처기업 투자자들이 먼저 연락을 해왔다. 갑자기 사람들이 사업계획서를 보기 원한 이유는 무엇일까? 그는 종이에 적힌 아이디어 대신 실제로 실행되어 눈으로 확인할 수 있는 개념을 보여주었다. 아무리 좋은 아이디어도 실행되지 않으면 아무 의미가 없는 휴지 조각에 불과하다.

『여자 사장, 성공할 수밖에』 허지영 작가는 승무원으로 10년 동안 일하다 육아를 하게 되면서 5년의 경력단절을 겪게 된다. 어느 날 자신의 존재감이 사라진 기분에 요가를 다시 시작했다. 마음속에서 생각만 했던 의류 쇼핑몰을 100만 원을 가지고 블로그로 시작해서 월 1,000만 원을 만들었다. 그 경험을 책으로 집필해 창업 컨설턴트, 책 쓰기 코치로 활동하고 있다. 그녀는 자신의 인생을 바꾸고자 하는 의지만 있다면 어떤 상황에도 길은 열릴 것이라고 말한다.

지금, 당신이 망설이는 이유를 종이에 적어봐라. 실패에 대한 두려움인가? 인생에 우리가 실패 때문에 좌절해 본 경험이 한두 번인가? 다시 일어나면 된다. 돈을 잃을까 봐 두려운가? 어차피 우리가 투자할 돈은 크지 않다. 그 돈은 어떤 일을 해서도 다시 회수할 수 있는 소자본이다. 시선에 대한 두려움인가? 남의 시선이 내 꿈보다 내 인생보다 중요한가? 돈이 없는가? 간절함이 생기면 돈은 중요한 것이 아니다.

지금 육아 때문에 일을 못 하는가? 일주일에 4시간만 일하고도 월 천만 원을 벌 수 있는 시대이다. 경력단절로 자신감이 떨어졌는가? 편안함이 좋아 안주하고 싶은 것이다.

당신이 망설이고 안 한 일을 10년 뒤에 생각했을 때 어떤 생각이 들지 종이에 적어봐라.

당신이 망설이는 10년 동안 누군가는 계속 시도해서 큰 성공을 하는 모습을 본다면?

아마, 망설이는 이유는 10년 후에 그때 했더라면 하는 후회보다 100배는 작은 일일 것이다.


사업 거창할 필요 없다. 나이와 사업은 아무 상관 없다. 늦었다고 생각할 때가 빠른 것이다. '내 꿈의 주인은 바로 나다.' 내 꿈에 당당함은 남이 볼 때도 빛이 나게 되어 있다. 어떠한 작은 시도도 해볼 수 있으니, 겁먹지 말고 뭐든지 도전해 보자.

반드시 성공한다는 간절함으로 다시 시도하면 나의 꿈과 만날 수 있는 날이 반드시 온다.

# 5.

## 나는 취업 대신 꿈을 창업했다

20대에는 좋은 회사에서 디자이너로 일하는 멋진 30대의 커리어우먼을 꿈꿨다. 좋은 회사에 취직하기 위해 커리어를 쌓았던 20대에서 30대로 넘어가자 결혼을 한 후 회사를 퇴사하고 창업을 선택했다. 내가 회사를 그만둔 이유는 내가 상상하던 멋진 커리어우먼의 모습을 회사의 상사에게서 찾을 수 없었기 때문이다. 20대의 꿈과 현실의 괴리감을 느꼈음에도 불구하고 나는 이상적인 꿈의 롤모델을 찾고 싶었지만 내 주변에서는 나의 롤모델을 찾을 수 없었다. 40대에 우리 회사에 이직했던 여자 실장님은 동료들의 남자 실장들의 따돌림을 당했다. 결국, 회사에서 잘리게 된 모습은 내가 상상하던 디자인실장의 이상적인 모습이 아니었다. 물론, 더 능력 있는 사람이었다면 결과는 달랐을 것이지만, 남자가 대부분인 사회에서 여자의 자리를 당당하게 지킨다는 것은 내 눈에는 위태로워 보였다.

나는 결혼과 동시에 회사를 퇴사했다. 아이를 낳고도 내 일을 할 수 있고, 무엇보다 내가 만든 회사에서 내 꿈을 하나씩 만들어가고 싶었다. 언니가 먼저, 회사가 아닌 자신의 꿈을 창업하는 모습을 보며 더 쉽게 용기를 냈었는지도 모르겠다. 나는 회사 일을 하면서 내가 창업할 아이템을 계속 고민해 왔다. 자금이 넉넉지 않았기에 소자본으로 할 수 있는 아이템을 골라야 했다. 나는 대학교 때 교양수업으로 들었던 패션 액세서리를 첫 번째 아이템으로 골랐다.

회사를 그만두고 6개월 동안은 동대문종합시장에 나가 재료를 고르고 만드는 것이 너무 즐거워서 계속 만드는 재미에 빠져 있었다. 사진을 찍고 홈페이지를 만드는 과정까지도 너무나 즐거웠다. 문제는 내가 좋아서 만든 패션 액세서리가 프리마켓 시장에 나갔을 때 반응이 안 좋았다는 점이었다. 내가 좋아하는 알록달록한 컬러에 볼드한 액세서리는 데일리로 하기에 부담스러웠다.

프리마켓에서는 가볍게 살 수 있는 가격이 아니어서 반응이 없자 나는 금방 흥미를 잃어버렸다.


그 후로 두 번째 창업 아이템을 찾은 것은 향초였다. 2014년 당시 향초를 DIY로 만드는 것이 유행이었다. 기분 좋은 향기와 뽀얀 소이 왁스, 고급스러운 용기, 라벨디자인이 자연스럽게 끌렸다. DIY로 만들어봤던 향초가 나의 두 번째 창업 아이템이 되어 주었다. 회사를 다니면서 공방에서 30여 가지의 향초들을 배우는 자격증 과정을 다니게 되었다. 내가 좋아하는 향과 컬러 형태 그 자체로 금방 매료되어 버렸다. 드디어, 나의 적성에 딱 맞는 일을 찾았다는 직감이 들었다. 향초는 내가 좋아하는 패션, 인테리어, 화장품의 모든 요소를 포함하고 있는 아이템이었다. 내가 좋아하는 이 매력적인 일을 돈도 벌면서 할 수 있다는 것이 너무나 큰 행운으로 느껴졌다.

나는 빠르게 디자인패키지를 완성해 디퓨저, 캔들, 차량용 방향제를 가지고 프리마켓에 나갔는데 사람들이 향에 매료되어 줄을 서서 사 갔다. 2014년 당시에는 향기 브랜드가 많지 않았고 이제 막 해외에서 향초가 들어와 유행을 타기 시작한 해였다. 향기 시장이 지금처럼 포화하지도 않았을 때였다. 시장 반응이 좋은 걸 보고 나는 이 일을 해야겠다는 확신이 더욱더 강해졌다.

결혼과 동시에 나는 다시 퇴사하고 신혼집 안방에 나의 작업실을 만들었다. 창업자의 이니셜 J, 여행 TER라는 라틴어를 조합해 JTER라는 브랜드 네이밍을 만들고 신혼집 안방에 작업실을 매장처럼 꾸며놓았다.

나만의 브랜드 네이밍을 만들고 향초를 만들고, 사진을 찍고 홈페이지에 올리고 SNS를 통해 홍보하는 일 모든 것이 그저 즐거운 놀이가 되었다. 온라인 쇼핑몰 텐바이텐에 처음 입점했는데 상품을 올리자마자 반응이 뜨거웠다. 에메랄드 컬러의 바다 캔들을 만들어 감성적으로 찍은 사진이 먹혔다. 생각해 보면 나는 처음부터 행운이 따랐다. 그때는 창업의 어려움에 대해 크게 알지 못했다. 창업 아이템에 확신이 들자, 오프라인에 쇼룸 겸 작업실을 가지고 싶었다. 처음에는 책상 하나만 있으면 좋겠다는 생각으로 공방 자리를 알아보러 나갔다가 15평 공간에 비교적 저렴한 임대료를 보고 덜컥, 계약했다.

좋아하는 일을 하면서 돈도 벌 수 있는 이 일과 사랑에 빠져버렸다. 그렇게 결혼하고 5년 동안은 이 일에 푹 빠져 살았다. 그 안에서 많은 시행착오를 겪기도 했지만 내 일하는 기쁨을 온전히 누릴 수 있었다.

 좋아하는 일도 5년 이상 하게 되면 크고 작은 일들이 생기고 슬럼프가 찾아오게 된다. 그 시점에 나는 임신을 더 이상 미룰 수가 없었다. 일하면서 아이를 갖자고 몇 년을 버텼지만 아이는 일에 집중된 나에게 와주지 않았다. 서서히 지쳐가고 있을 즈음에 일을 모두 내려놓고 아이를 기다려보기로 했다. 신기하게도 일을 내려놓자마자 두 달도 안 되어 작은 생명이 나를 찾아와 주었다. 사무직으로 일을 해왔다면 나는 임신을 하고서도 계속 일을 이어 나갔을 것이다. 아쉽게도 향과 핸드메이드 특성상 일을 병행할 수가 없었다. 향은 임신에 안 좋을 수밖에 없었고 늦게 찾아온 아이가 혹시라도 잘못될까 봐 나는 몸을 아낄 수밖에 없었다. 일에 온 열정을 쏟아부었던 5년간의 시간을 보내고 갑자기 아무것도 안 하고 쉬려니 임신의 기쁨은 잠깐이었고 우울증과 공허함이 밀려왔다. 새로운 프로젝트를 만들어 진행하기도 했지만 금방 무산되었다. 10개월의 시간을 지나 출산했다. 나는 100일만 지나면 다시, 일을 시작하자는 마음이었지만, 아이는 그렇게 쉬운 존재가 아니었다.

결혼 후에 내 인생은 큰 차이가 없었지만, 아이를 낳은 후에는 180도 달라진 상황에서 나는 당황스러웠다. 왜 엄마들이 자기 꿈을 펼치지 못하고 평범하게 살아가는지 처음으로 이해하게 되었다. 아이가 있는 여성이 자기 꿈을 지키는 것은 얼마나 힘든 일인지를 아이를 낳고 나서야 알게 된 것이다.

1년은 온전히 아이에게 집중해야 했다. 1년이 지나고 아이를 어린이집에 보내고 난 뒤에야 조금씩 나의 일을 다시 생각해 볼 수 있었다. 다시 일어서기 위해 나는 안간힘을 써야 했다. 결혼 후의 현실의 벽, 아이를 낳은 후의 현실의 벽은 더 컸다.

왜 경력단절 여성들의 이야기가 〈82년생 김지영〉이라는 영화로까지 만들어졌고 2020년도에도 여성들의 많은 공감을 받았는지 이해할 수 있었다. 인정할 수 없었다. 내 꿈은 아직 꿈틀거리고 나는 일을 통해 내 꿈을 이루어나가는 것이 내가 살아가는 이유라고 생각하면서 살았다. 나는 작은 성취라도 매일 해야 하는 인간이었다. 그런 내가 육아하면서 손발이 묶이자 너무 힘들었다. 주변에서는 이해하지 못한다는 말을 들으면 더 억울하고 답답했다. 보통은 평범한 엄마의 삶을 인정하고 받아들이는 듯했다.

그럴수록 나는 꿈을 이룬 여성들의 책, 성공한 사업가의 책, 마음에 위로를 줄 수 있는 책 등, 다양한 책들을 매일 읽으며 성공한 사례들을 찾아보았다. 다시 나의 꿈을 찾고 싶었다. 엄마가 된 후로 나는 나의 꿈을 조금 타협해 가며 지금 상황에 할 수 있는 일들을 찾기 시작했다. 이런 고난도 지나면 다 누군가에게는 위로와 희망을 줄 수 있을 거라고 생각하면서 엄마의 꿈을 다시 찾아나갔다.

이런저런, 창업 아이템들을 2년 동안 시도해 봤지만, 소자본으로 시작한 아이템들조차 엄마가 된 나에게는 부담스러운 일이었다. 내가 과연 이 일을 계속 잘해 나갈 수 있을까 하는 자신감이 하락한 시기이기도 했다. 나에 대한 한계를 계속 가지게 되자 일을 오래 시도하기가 어려워 시도하고 실패하기를 반복하며 자신감도 떨어졌다. 아이를 키우면서 할 수 있는 일은 제한적이었다. 하지만 팬데믹과 겹쳐 트렌드가 온라인으로 흐르고 있었고, 남들과 같은 조건이었기 때문에 억울하기보다는 기회라고 생각했다. 창업 때 홍보를 위해 해 왔던 인스타그램, 블로그가 다시 꿈을 꾸는 데 시작이 되어주었다.

육아하며 할 수 있는 일은 유일하게 책을 읽는 일뿐이었다. 이것도 아이를 재운 뒤 피곤을 감수하고 일어나야만 할 수 있는 일이었다. 매일 새벽 2~3시까지 책을 읽고 잠들면 다음 날 너무 피곤해서 아이를 보는 게 더 힘들었지만 나는 책이라도 붙잡고 나의 꿈을 다시 그리고 싶었다. 책을 계속 읽다 보니 글을 쓰고 싶어졌다. 블로그에 내가 누구인지라는 질문부터 새로 하며 다시 나를 찾는 것부터 시작했다. 매일 나의 이야기를 비공개로 기록해 나갔다. 내가 좋아하는 게 뭐지? 어떤 날은 패션이었고, 어떤 날은 인테리어였고 어떤 날은 그림이었고 어떤 날은 책이었다. 그럼, 내가 잘하는 건 뭐지? 디자인이라는 나의 재능을 창업하면서 잊어버리고 있었는데 나는 어렸을 때부터 최고의 디자이너가 되는 게 꿈이었다.

향초 창업하면서 조향사의 길을 고민하고 있었으니 나의 길을 헤매고 있었지만, 나의 본질은 디자인이었다. 디자인 덕분에 창업을 할 수 있었고 디자인 덕분에 브랜딩이 나에게는 쉬운 일이었다. 그래. 내가 가지고 있는 무기 디자인으로 다시 시작해 보자. 나의 디자인 재능이 자본금이었다. 유튜브에 '잇선브랜딩연구소'라는 이름을 가지고 다시 꿈을 그리기로 했다. 유튜브를 시작으로 나는 DESIGN YOUR DREAM "당신의 꿈을 디자인하라."라는 슬로건으로 IDS스쿨&스튜디오를 다시 창업할 수 있었다.

나를 찾기 위해 독서 기록했던 인스타그램은 다시 나의 꿈을 기록하는 창구로 바뀌었다. 2014년부터 시작한 인스타그램을 통해 나는 내 브랜드를 만들기도 했고 독서 기록을 하며 내가 세상에 다시 존재해야 하는 이유를 찾기도 했다.

지금, 자신이 무엇을 해야 할지 모르겠다면 우선 책을 닥치는 대로 읽고, 아무 글이나 주제를 달고 글을 매일 써보고 SNS에 기록하라. 너무 잘하려고 하지 말고 그냥 자신을 기록하는 용도로 시작하라고 말이다. 작은 시작은 새로운 꿈의 씨앗이 되어준다. 누구나 마음속에 생각의 보석을 지니고 있다. 다만, 캐내지 않아 잠들어 있을 뿐이다.

# 6.

## 나를 위한 장단점 노트를 만들어라

나의 장단점 파악하는 것은 나를 찾아가는 과정이다. 나는 누구인가? 나는 무엇을 해야 행복을 느끼는가? 어떻게 해야 능력의 최대치를 발휘하며 살아갈 수 있을까? 내가 무슨 일을 하고 싶은지 알려면 먼저 내가 어떤 사람인지 알아야 한다. 그러려면 시선이 남이 아니라 늘 자신을 향해 있어야 한다. 시선이 남을 향해 있는 것은 편하지만 나 자신을 들여다보는 일은 괴롭고 불편한 일이기도 하다. 그래서 대부분은 자신과 대화하지 않고 핸드폰을 쳐다보거나 다른 일을 하며 시간을 낭비하는 것이다. 친구와 새로 사귈 때 많은 시간을 함께 보내야 관계가 유지되듯이 나 자신과도 잘 지내는 시간이 필요하다. 나의 장단점을 알게 되면 내가 세상에서 가장 멋지고 성공한 아름다운 사람이 될 수는 없지만, 최고의 내가 될 수는 될 수는 있다. 장단점 노트의 또 다른 장점은 타인의 단점도 수용할 수 있게 된다는 점이다. 사람은 누구나 장단점이 존재하기 때문이다. 장단점은 나의 이미지, 성격, 습관, 신체, 커리어, 돈, 시간, 가정,

관계, 취미, 특기로 구분해서 하나씩 적어보는 것이 좋다.

나의 장점은 첫인상이 동글동글한 편안한 느낌으로 면접에서는 무조건 합격일 정도로 좋은 이미지를 가지고 있고 잘 웃는 편이라 호감을 주는 인상이다. 사람들의 이야기를 잘 듣고 공감을 잘하는 편이다. 상대에 따라 달라지긴 하지만 편안한 사람과 있을 때 나는 유머 감각을 발휘한다. 내가 좋아하는 일을 할 때 열정적이고 실행력이 강하며 추진력은 알아서 작동한다. 미적 감각이 뛰어나 어릴 때부터 꾸미는 것을 좋아했고 그 재능을 20년째 사용하고 있다. 창작 욕구가 강해 무엇이 되었든 호기심이 많고 다재다능하다.

반면 나의 단점은 좋아하는 일도 반복이 되면 쉽게 질리는 편이다. 나와 잘 안 맞는 사람과는 잘 어울리지 못한다. 끈기와 인내심이 부족해 잘되는 일도 힘들어지면 쉽게 포기한다. 체력이 약해 쉽게 지치기 때문에 일을 오래 못 한다.

나의 장점을 알고 있으면 SNS에서 돋보이게 표현할 수도 있고 더 전문적인 능력으로 발전시켜 나의 커리어를 최고치로 끌어올릴 수 있다. 나의 단점을 알고 있으면 그것을 개선하기 위한 노력을 하게 되어 성장으로 이어지기 때문에 단점도 결국 장점이 될 수 있다.

단점을 개선하기 위해서는 나 자신을 잘 알고 객관적으로 바라볼 수 있어야 한다. 나의 단점을 알았으면 단점을 극복할 수 있는 방법을 생각해본다.

나와 안 맞는 사람들이 왜 그런 생각과 행동을 하는지 심리학과 MBTI를 공부하면 조금은 이해할 수 있게 된다.

쉽게 포기하는 것은 힘든 일도 해낼 수 있도록 지구력을 키우는 운동을 매일 하면 체력은 올라갈 것이고 쉽게 지치지 않을 것이다. 쉽게 빠지고 쉽게 질리는 건 열정을 한꺼번에 너무 많이 쏟아부어서이다. 조금씩 천천히 속도를 늦추고 천천히 성장하는 과정에 의미를 담는다. 쉽게 포기하지 않기 위해 커뮤니티에서 함께 성장하는 메이트를 만든다.

이런 나의 특징들을 적어두게 되면 나의 장점은 극대화하고 단점은 극복하려고 노력하게 되어서 최고의 나를 만들 수 있다. 나를 잘 안다고 추측하는 것과 글로 한번 써보는 것은 다르다. 나의 장점을 모르면 다른 사람의 장점을 따라하게 되고 왜 나는 그렇게 못하는지 비교하고 자책하게 된다. 살다 보면 수시로 무너지는 멘탈을 바로 잡아야 할 때가 많다. 그럴 때마다 장단점 노트를 꺼내 보며 나를 다독인다. 왜 남의 장점만 부러워하고 있었지? 나의 장점에 더 집중해서 최고의 나를 만드는 데 다시 집중한다.

두 번째는 MBTI를 통해 내 기본적인 성향을 파악하는 것도 좋다. MBTI 검사는 나의 객관적인 특성뿐만 아니라 타인의 특성을 파악할 수 있어 고객과 소통하는 데도 도움이 된다. 하지만 MBTI에 너무 맹신하다 보면 나의 성향을 있는 그대로 받아들여 개선하려고 노력하게 되지 않을 수도 있으니 주의해야 한다. '나는 원래 내향적이고 예민해서 그래.'라고 단정 짓게 되면 아무런 발전이 없다.

세 번째는 내가 걸어온 과거의 길과 현재, 미래의 길을 정리해 보는 것이다. 나는 어떤 길을 걸어왔고 거기서 어떤 것을 배웠으며 지금 위치는 어떻고 나의 앞으로의 길을 그려보는 것이다. 스티브 잡스는 스탠퍼드 대학교 연설에서 'connecting the dots', 점을 연결하라고 했다. 그가 대학을 자퇴한 후 청강한 캘리그래피 수업은 10년 후 매킨토시를 출시했을 때 아름다운 글꼴을 가진 최초의 컴퓨터를 가능하게 했다. 자퇴는 스티브 잡스가 인생에서 가장 잘한 결정이었다고 한다.

내가 찍었던 점이 미래에 어떻게 나의 커리어로 연결될지 모르는 일이다. 나 또한, 그런 경험을 많이 했다. 10대에 일찍 배웠던 '포토샵'과 '일러스트레이터' 프로그램은 20세부터 단순 노동아르바이트가 아닌 컴퓨터 그래픽으로 나의 든든한 용돈을 제공해 주었다. 20세 초반에 배운 '캐드'와 '3D라이노' 프로그램은 나의 일거리뿐만 아니라 산업디자인과에 다시 편입할 수 있는 작은 배움의 씨앗이 되어주었다. 산업디자인과에 가기 위해 시각디자인, 컬러리스트, 스케치 공부를 2년 동안 하면서 디자인 감각은 계속 더 발전했다. 학교에서 배운 PPT 발표경험으로 나는 발표 공포증을 25살에 이겨냈고 회사에서도 도움이 되었다. 가구 디자인을 다시 공부하며 화장품 VMD로 취업할 수 있는 힌트가 되어주었다. 화장품 브랜드의 VMD를 경험하면서 브랜딩의 기획과 프로모션을 접할 수 있었다. 그 후 향초 브랜드 창업했을 때 큰 도움이 되었다. 창업하면서 홍보 SNS를 위해 마케팅을 알게 되었다. 고객에게 사랑받는 것이 곧 브랜딩이라는 사실을 알고 추후 새로운 커리어를 설계할 수 있었다. SNS에

8년 동안 계속 기록하다 보니 사진을 잘 찍게 되었고 글 쓰는 것도 쉬워졌다. 책을 매일 읽으며 사고력을 강화했더니 생각 정리가 되어 블로그에서 글을 쓰고 유튜브에서 말하는 것이 쉬워졌다.

디자이너로 비주얼 시안으로만 나를 표현하던 일이 이제는 말과 글로 나를 표현할 수 있게 되었다. 결국 책을 쓰고 강연을 꿈꾸게 되었다. 창업하고 로고, 타이포그래피, 그래픽, 패키지, 인테리어, VMD, 사진, 커뮤니케이션 등의 모든 부분을 디자인하고 스스로 브랜딩할 능력이 있었던 것은 과거에 내가 찍은 디자이너로서의 점들이 있었기 때문이었다.

이렇게 내가 걸어왔던 길을 정리해 보면 나의 과거, 나의 현재, 나의 미래도 그려 나갈 수 있게 되면서 나의 사명까지도 발견하게 된다. 내 브랜드를 창업하면서 브랜딩에 관심을 끌게 되었고 창업을 준비하고 브랜딩을 고민하는 사람들을 돕고 싶다는 사명을 가지게 되었다.

그동안 내가 해온 일들을 정리해 지금은 콘텐츠로 컨설팅, 강의, 책, 유튜브 등으로 만들어 나가는 일을 하게 되었다. 이를 통해 다른 브랜드의 탄생을 도울 수 있게 되었다.

책을 좋아해서 책을 읽다 보니 책을 쓰게 되었다. 책 읽는 사람들과 소통하는 것이 좋아 독서 모임을 만들게 되었다. 사람들에게 독서의 즐거움과 꿈을 향한 노트 기록의 즐거움을 전하고 싶어 플래너와 독서 노트도 제작하고 있다.

이렇게 내가 걸어온 과거의 길과 현재를 정리해보면 미래의 꿈까지도 그려나갈 수 있게 된다.

네 번째는 보이는 내가 아닌 내 안의 나와 만나는 시간이다. 자아는 내가 아는 진짜 나의 모습과 다른 사람의 기준으로 만들어진 가면을 쓴 자아가 있다. 인간은 사회적 동물이기 때문에 가면을 버릴 필요는 없지만, 여기에 너무 매몰되다 보면 진짜 나를 잊어버릴 수 있다. 남의 시선 때문에 진짜 내가 원하는 일을 하지 못할 수도 있다. 『아티스트웨이』에서 유명해진 모닝 페이지는 아침에 일어나자마자 45분 동안 3페이지씩 내면의 생각들을 거침없이 적어보는 방식이다. 어제 일어난 나의 복잡한 감정들을 아무도 보지 않는 곳에 모두 털어놓는 것이다. 모닝 페이지에 장점은 복잡한 감정들을 정리하고 진짜 내가 하고 싶은 일들을 떠올리게 되고 한번 시도해 보고싶은 창조적인 생각에 이른다는 점이다.

나도 감정 노트를 만들어 생각나는 대로 나의 감정들을 나열해 볼 때가 있다. 그럼, 생각보다 고민하는 것들이 별것 아니었고 문제가 쉽게 풀리는 경험을 하게 되었다. 자아 성찰의 시간까지 만들어주니 감정 노트를 만들어 하루의 감정을 기록해보는 것도 도움이 된다.


마지막은 롤모델을 찾는다. 이제 당신이 진정으로 하고 싶은 일을 찾았다면 그 일을 먼저 해낸 사람들을 책과 SNS를 통해 찾아보는 것이다. 이때, 부러워하기보다는 존경심을 가지고 그 길을 어떻게 걸어가게 됐는지 과정에서 배울 점을 찾아보자.

일을 시작하기 전에 너무 완벽한 계획을 세울 필요는 없다. 하나의 길을 가다 보면 그 길이 끝나야 다음 길이 보이는 거니까 너무 조바심을 낼 필요 없다. 아주 작은 일이라도 진정 내 마음에서 우러나는 그 일을 지금 시작하는 거다. 그럼 그 길이 또 다른 길로 그다음 길로 이어져 마침내 도달하고자 하는 목적지에 도착해 있는 자신을 발견할 것이다.

# 7.

## 모방을 재창조로 바꿔라

우리는 SNS를 통해 우리는 나와 다른 삶을 살아가는 수많은 사람의 일상과 일을 엿볼 수 있게 되었다. 미국 사회심리학자 레 온 페스팅거는 '인간은 남과 나를 비교하는 동물이다.'라고 말했다. 인간은 남과 비교하는 것이 본능이다. 불행하게도 비교는 사람을 우울하게 만든다. 나 또한, 나와 비슷한 욕망을 가진 사람이 어떤 일을 실현하고 있는 것을 보면 배가 아프고 질투가 난다. 그럼, 이 질투를 배움으로 내 것으로 만들겠다는 존경심으로 바꿔보는 건 어떨까? 내가 지금 부러워하는 사람, 즉 롤모델들을 찾아보자.

누군가의 SNS를 보고 부럽거나, 좋거나, 질투가 난다면 그 사람의 능력이 자신에게도 있다는 의미다. 아무리 유능한 사람도 내 영역이 아니라면 관심을 두지 않기 때문이다. 내 눈에 대단해 보이는 그 사람이 어떻게 그런 일들을 해낼 수 있는지 분석해 보는 것이다. 요즘, 세상이 좋은 것이 누군가 자신의 영역에서 잘되는 사람들의 발자취를 쉽게 찾아볼 수 있다는 것이다. 바로 SNS의 기록 덕분이다. 그들이 기록해 놓은 SNS를 따라가다 보면 그들의 능력을 나만의 스타일로 재탄생시킬 수 있다. 롤모델을 3명 정도 찾아내, 그들에 대한 모든 것을 분석하고 공부해서 내 것으로 만들어본다. 3명의 장점만 모아 내 것으로 만들면 단순 모방이 아닌 내 것처럼 보이게 재탄생시킬 수 있다. 여기서 주의해야 할 점은 부러워하는 대상의 겉모습이 아닌 본질을 봐야 한다는 점이다. 내가 부러워하는 대상의 명품이라든가 사는 집, 차, 여행지 등의 겉모습만 부러워하고 끝날 것이 아니라, 그녀가 어떤 노력으로 이런 것들을 가질 수 있었고, 왜 이런 것들을 보여줘서 사람들의 이목을 끄는지 마케팅 관점에서 분석해 봐야 한다.

나는 내가 하고 싶은 일이 생겼을 때 그 일을 미리 해서 성공한 사람들을 분석해 본다. 그들의 장단점을 적어서 나의 장점을 끌어내는 일도 있다. 나의 롤모델들을 사실, 수없이 많다. 아마 100명 정도는 거뜬히 넘을 것이다. 어릴 적부터 위인전을 많이 본 사람들은 미래에 자기의 삶에 적용하게 된다. 나는 성인이 돼서야 수많은 성공 책들을 살펴보며 현대의 위인들에게 존경심이 생긴 경우다. 롤모델을 정했다면 그들을 내가 왜 좋아하는지 구체적으로 생각해 본다.

한비야를 좋아하는 것은 그녀의 밝은 에너지와 긍정적인 마인드, 세계여행을 떠날 수 있는 도전정신, 자유의지, 일도 공부도 놀이도 다 잘하는 것, 꿈을 이루어 내고야 마는 집념, 나이에 상관없이 하고 싶은 일을 해내는 것이 닮고 싶기 때문이다.

나는 그녀의 영향을 받아 10대 후반에 처음으로 인생의 목표가 생겼고 학교 공부에 전념하게 되었다. 세계여행까지는 아니지만, 해외여행도 자주 다니며 많은 경험을 하게 되었다.

코코 샤넬을 좋아하는 것은 고아로 수녀원에서 자라면서도 수녀원에서 봤던 블랙이라는 컬러와 저지 원단을 이용해 자신만의 스타일로 창작물을 만들어냈기 때문이다. 지금까지도 세계 모든 여성이 가장 욕망하는 샤넬 백을 만들어낸 역사적인 인물이다. 그녀의 삶을 통해 인생은 스스로 창조해나갈 수 있으며 남과 다른 생각을 해야 성공할 수 있다는 것을 배울 수 있었다. 샤넬을 보면 심장이 뛰는 이유는 그녀의 삶이 큰 영감을 불러일으키기 때문이다.

카림 라시드를 좋아하는 것은 과감한 컬러와 유기적인 형태가 내가 좋아하는 취향이기 때문이다. 자신의 디자인을 돋보이게 하기 위해 자기 자신도 잘 관리하는 모습에 반했다. 카림 라시드가 산업디자인과를 졸업한 것을 알고 그를 따라 산업디자인과를 따라갔다. 가구를 배우는 곳에서 남편을 만나 지금은 가구회사를 함께 운영하고 있다.

롤모델의 힘은 누군가의 인생을 바꿀 수 있을 정도로 강력한 힘을 가지고 있다. 롤모델은 이렇게 위대한 사람들에게서 배우는 것도 좋지만 나와 가장 비슷한 레벨에서 한 단계 먼저 성장한 주변의 사람들을 찾아보는 것도 도움이 된다.

내가 추구하는 일을 나보다 더 잘해나가는 사람을 3명 정도 정한 후 그들이 하는 일들을 유심히 관찰하고 따라 해보며 나의 스타일을 더해 재창조한다. 주변에서 롤모델을 찾으면 좋은 점은 그들을 강의나 세미나에서 직접 만나 조언을 들을 수 있기 때문이다. 생각보다 이 힘은 나의 성장에서 큰 역할을 하게 된다. 롤모델을 나의 멘토로 만들어 그들에게 나의 미래에 대해 의논하고 조언을 듣게 된다. 그럼, 확신이 더 강하게 생겨 일을 끝까지 추진하는 데 큰 힘이 되어준다. 단, 공짜 점심은 없기에 롤모델을 나의 멘토로 만들려면 그에 해당하는 정성과 노력, 대가는 지불해야 한다.

어린아이들은 태어났을 때 무이다. 엄마의 행동과 말을 따라 하면서 세상을 배워나간다. 그렇지만, 우리는 엄마, 아빠의 유전만 더해진 것이 아니다. 우리가 만난 선생님, 친구들, 멘토, 롤모델, 읽은 책, 영화, 여행 내 주변을 둘러싼 모든 환경에 의해 내가 지금 존재하는 것이다. 나에게 영향을 미친 모든 것들의 총합이나 자신이다. 그래서 아무리 누군가를 모방하려고 해도 그 사람과 똑같이 될 수 없는 것이다. 보는 것이 많은 사람, 경험한 것이 많은 사람일수록 다채로운 인생을 살아가는 이유이다.

유튜브를 시작할 때 나는 좋아하는 유튜브 영상과 크리에이터들을 분석했다. 나와 비슷한 카테고리의 크리에이터 3명을 추려내 그들의 타깃이 누구이며, 어떤 콘텐츠를 어떤 방식으로 만들어내고 있고, 그들에게 끌리는 이유가 무엇인지 분석했다. 그들의 장점은 무엇이고 왜 끌리는 가? 그들이 놓친 것은 무엇인가? 그들이 아직 만들지 않은 것은? 어떤 점이 개선될 수 있을까? 그들이라면 어떤 것을 또 만들어낼까? 바로, 그 것들을 찾아내 모방하고 개선해서 재탄생시키면 내 것이 되는 것이다.

인스타그램도 마찬가지다. 내가 하고 싶은 일을 미리 잘하고 있는 사람들, 내가 부러워하는 대상의 사진 등의 기록을 모아서 분석한다. 8년 전 인스타그램을 처음 시작했을 때는 사진이 중요했기 때문에 내가 따라하고 싶은 사진과 인스타 피드 형태를 모아서 분석해 따라 해보기도 했다. 사진뿐만 아니라 그 사람이 만드는 제품이 왜 인기가 많은지 소통을 잘하는지 글을 잘 쓰는지 왜 사람들이 좋아하는지 구체적으로 분석해 보는 것이 좋다. 요즘은 릴스가 대세이다. 릴스에서 어떤 문구를 봤을 때 마음이 끌렸다면 왜 끌렸는지 분석해서 내 것으로 재창조해본다.

온라인숍에서 바다캔들을 처음으로 만들어 인기를 끌었을 때 카피 제품들이 많이 나왔다. 인기 있는 상품은 누구나 볼 수 있기 때문에 그 상품을 한 단계 더 디벨롭시켜 큰 히트를 하는 것을 보았다. 나도 외국에서 봤던 이미지를 모방해 재창조시켰던 것인데 나도 원작을 어디서 가져왔는지 잃어버렸다. 좋은 것이 있다면 그대로 베끼지 말고 하나 더 개선해서 만들어라. 그럼, 그건 나의 창작물이 된다.

어떤 사람이 하는 비즈니스 형태를 내 것으로 가져올 수도 있다. 한 부분이라도 배울 것이 있으면 내 것으로 만든다. 내가 강의하고 싶은데 어떤 식으로 구성할지 고민이 된다면 나와 다른 분야라고 할지라도 좋은 부분을 가져오면 된다. 내가 아무것도 없는 상태로 무언가 만들어내기란 어려운 일이다. 어차피 똑같이 하려 해도 똑같이 할 수 없다.

광고를 볼 때도 거리를 지나다닐 때도 내가 어떤 것에 끌리고 클릭하는지 분석해 본다. 어떤 광고문구가 끌렸다면, 기록해 두고, 거리를 지나다가 어떤 장면을 봤을 때 멈췄다면 사진을 찍어 기록해 둔다. 책도 마찬가지다. 좋아하는 문구가 있다면 밑줄을 치고 노트에 기록하거나 사진을 찍어 따로 모아둔다. 『기록의 쓸모』에서 #영감 노트 해시태그를 만들어낸 이승희 마케터는 이런 기록의 행위들을 모아 책을 펴냈다.

아이디어 영감은 그냥 무형에서 뚝딱 나오는 것이 아니다. 창의적인 일을 하는 1인기업가, 크리에이터는 다양한 분야의 사람들과 다양한 매체를 통해 많은 것을 흡수하고 모방을 통해 새로운 것들을 만드는 경험을 끊임없이 연구해야만 살아남을 수 있다.

# 8.

## 시작하기 전에 끝 그림 그려라

자신이 좋아하고 잘하는 일을 찾았다면 이제 그 일의 최종 목적지 끝 그림을 그려보는 것이다. 개인적인 성장, 사회적인 성장, 인류 발전을 위한 소명도 좋다. 목표는 충분히 높아서 그것이 나를 설레게 하기도 하고 동시에 두렵게 하기도 해야 한다. 『부의 시크릿』밥 프록터의 말처럼 꿈이 이루어질지는 우주에 맡기고 일단 의심은 접어놓고 한번 적어보는 것이다. 자신이 이 세상에 존재하는 이유를 명확하게 정의할 수 있도록 하나의 문장으로 만든다면 최고의 나는 이미 정해진 것이다.

나는 브랜드를 통해 나의 꿈을 이루고 누군가의 꿈을 이루는 것을 돕는 것이다. 나는 명함을 만들어 뒷면에 20가지의 작은 목표들을 적어놓았다. 이 목표를 매일 컴퓨터 바탕화면, 머그컵, 포스터, 명함 카드, 영상, 책자 등으로 만들어놓고 잠재의식에 집어넣고 있다. 이런 행동을 하는 이유는 수많은 성공한 사람들이 저서에서 공통으로 하는 긍정 확언의 힘에 대해 말하고 있어서다. 나 역시, 확언으로 작은 성공을 내 인생에서 만들어오면서 긍정의 힘에 대해 더욱더 신뢰하게 되었다. 이렇게 빅 픽처를 만들어놓고 작은 목표들을 세분화해서 쪼개는 것이다.

나의 최종 꿈을 위해 올해까지 나는 3가지의 작은 목표를 계획한다. 올해, 책을 출간하고, 사업적으로 작은 성공을 만들고, 건강한 체력을 만든다는 목표를 세워놓았다.

3가지의 목표를 적어놓고 우선순위를 정한다. 1순위에 있는 것은 무슨 일이 있어도 반드시 실행한다. 목표를 세웠으면 반드시 행동이 따라줘야 하는데 실행목록을 아주 작게 쪼개면 쉬워진다.

책 쓰기는 하루에 A4용지 2장을 쓴다는 목표를 세우고 새벽에 일어나 1시간 동안 글을 쓴다. 매일 SNS 콘텐츠를 만들어 인스타, 블로그, 유튜브에 업로드한다.

매일 식단을 조절하고, 1시간 운동을 통해 체력을 증진시킨다. 이렇게 목표를 정해놓고 오늘 할 수 있는 작은 일들을 30일, 100일 기간을 정해놓고 단계별로 매일매일 해나간다.

큰 목표를 향해 가는 길은 오늘 해야 할 가장 작은 일부터 실행하는 것이다. 중간중간 목표를 점검하며 단계별로 작은 선물을 통해 나에게 보상하는 것도 잊지 않는다.

처음부터 큰 목표와 실행은 작심 3일이 될 수 있으니 시작은 작은 것부터 실행하여 성공하는 성취감을 맛보는 것이다. 엄마가 된 후로 아이가 잠들면 2~3시간 독서하고 인스타그램에서 〈켈리 최 끈기 프로젝트〉에 참여했다. 100일 동안 매일 책을 읽고 기록하는 미션으로 내가 할 수 있는 아주 작은 성공을 만들어냈다. 작은 성공을 통해 나는 무엇이든 할 수 있다는 자신감을 장착하게 되었다. 미라클모닝 새벽 4시 30분 기상을 1년 동안 시도하며 작심 3일로 매번 실패했었는데 커뮤니티에서 함께 하니 100일 동안 성공할 수 있었다. 이런 작은 시도를 통해 자신감을 장착할 수 있게 되면 그다음 더 큰 도전으로 나아갈 수 있다.

그 후에, 유튜브로 나의 지식과 경험을 나누기 위해 카메라를 켜고 바로 업로드를 했다. 그다음 단계는 인스타그램 피드 디자인을 도와주는 작은 일부터 시작하였다. 그 후, IDS브랜드디자인 랩을 만들고 브랜드디자인, 브랜드 창업 컨설팅 등의 일을 할 수 있게 되었다.

『생각의 비밀』 김승호 회장은 '세상에서 제일 큰 도시락 회사'라는 문구를 검은 나무판에 큼직하게 써서 창문에 붙여놓았다. 말의 힘을 믿는 김승호 회장은 한번 말을 하고 나면 잊기 전까지 그 힘이 사라지지 않음을 믿는다. 그 말에 힘을 부여하기 위해 액자에 써서 걸어놓거나 그에 알맞은 이미지를 만들어 포스터로 제작하여 걸어놓는다고 한다. 이루고자 하는 것을 하루에 100번씩, 100일 동안 중얼거리거나 글로 쓴다고 한다. 미국 전역에 300개의 매장과 일주일 매출이 100만 달러로, 연간 5,000만 달러를 달성한다. 3가지 목표를 되뇐 지 100일 안에 푸대접받았던 회사에서 연락이 왔다고 한다.

글과 말의 힘은 강하지만 이 목표가 이루어지려면 1%의 의심도 없어야한다. 그대로 믿고 잠재의식에 넣어야 말한 대로 쓴 대로 이루어진다.

정주영 회장도 어떤 일을 실행할 때 100% 된다는 확신으로 1%의 의심도 하지 않는다고 한다. 그런 강한 믿음이 지금의 현대를 만들었다.

'목표가 이루어지지 않는 이유는 이게 될까?'라는 마음의 의심이 자꾸

들어오기 때문이다. 나 또한 목표가 내가 원하는 시기에 안 이루어지면 나의 마음 상태를 살핀다. 말도 안 되는 목표를 적어놓아 자신도 믿어지지 않는다면 그 목표가 지금 당장 절실하지 않아서이다. 진정으로 원하는 목표는 자신이 지우지 않는 한 반드시 이루어진다.

젠틀몬스터 김한국 대표는 '세상을 놀라게 하라'는 슬로건을 만들고 공간을 활용한 브랜딩에 성공했다. 보통의 안경 가게가 아닌 '젠틀몬스터'의 브랜드를 경험할 수 있는 초현실 예술공간을 만든 것이다. 서울 북촌에서는 오래된 목욕탕을 개조해 'BATH HOUSE'라는 공간으로 새롭게 탄생시켰고 홍대 매장은 25일마다 매장 디스플레이 콘셉트를 바꾸는 '퀀텀 프로젝트'를 3년 동안 지속했다. 로봇연구팀이 만든 6족 보행 로봇이 걸어 다니며 소비자들에게 SNS 자발적으로 리뷰를 확산하게 했다. 모든 마케팅과 홍보예산을 디자인에 쏟아부어 성공시켰다.

아이웨어 브랜드로 전 세계 50개 도시에 직영 매장을 운영 중이며 3,000억 원(2019년) 매출과 더불어 세계적인 명품 그룹인 LVMH의 계열사 엘카터톤이 700억 원을 투자하면서 아시아에서 가장 독창적인 브랜드로 인정받았다. 유튜브에서 김한국 강연을 검색하면 젠틀몬스터 사업 스토리가 나오는데 인상적이다. 3개월 동안 100권의 책을 읽겠다고 결심하고 칼을 옆에 두었다고 한다. 뇌과학책을 읽으면서 인간의 소비 심리와 관련한 인사이트를 얻었는데 사람은 누구나 자기 안에 지금과 다르게 살고자 하는 욕망이 있다는 것을 알게 되었다. 그것이 몬스터적인 것이라고 정의했고 "젠틀몬스터"라는 이름이 탄생했다. 마지막에 "타고난

운명을 바꾸기 위해 목숨을 걸어본 적이 있는가?"라는 멋진 말을 남기고 그의 강연은 끝이 난다.

평범했던 김한국 대표는 평범함을 벗어버리기 위해 칼을 놓고 책을 읽었고 운명을 바꾸기 위해 목숨을 걸고 일에 몰입했을 것이다.

평범함을 비범함으로 바꾸는 일은 아주 작은 행동의 실천이다. 운명을 바꾸기 위해 칼을 놓고 책을 읽어본 적이 있을 정도로 자신의 꿈이 목표가 절실한지 자신에게 질문해 보자.

인생의 주인은 바로 나 자신이다. 나 자신의 존재 이유를 찾을 때 기준이 되는 가치를 찾아보자. 자신이 가장 가치 있게 여기는 키워드를 하나 잡아 줄기를 뻗어나가 보자.

큰 비전을 만들고 그것을 위한 아주 작은 행동부터 만들어 나가다 보면 자신의 정체성이 완성된다. 이제 남들과 비교하지 않는 자신만의 가치를 찾았다면 최고의 내가 되는 삶을 그려 나가 보자. 최고의 나를 상상할 수 있다면 당신은 스스로 빛나는 지구에 단 하나뿐인 최고의 브랜드가 될 것이다.

# DESIGN
# A DREAM
## *with your*
# BRAND

*ch.2*

# 나만의 브랜드로
# 1인 창업하기

DESIGN A DREAM *with your* BRAND

# 1.

## 디자이너 출신 1인기업가입니다

최근에는 디자이너 출신의 창업가들이 성공하는 사례가 많아졌다. 에어비앤비, 유튜브, 인스타그램, 텀블러, 비핸스, 엣시, 핀터레스트 모두 디자이너 출신 창업가가 만든 기업이다.

국내에서는 우아한 형제들의 김봉진이 디자이너 출신으로 대표적인데 기업가치는 4조 7,500억 원이다. 경영학의 대가 톰 피터스는 "디자이너를 CEO 바로 옆자리에 앉혀야 한다."라고 말했고 이미 수많은 디자이너가 그 자리에 앉아 성공 신화를 만들어왔다. 디자이너가 창업에 유리하다는 것은 이런 사례들로 충분히 증명된 셈이다.

나는 20대에는 7년 동안 다양한 디자인 에이전시를 거치면서 최종적으로 화장품 VMD 디자이너로 경력을 쌓았다. 30대에는 향초 브랜드를 만들어 운영한 5년의 경험을 바탕으로 현재는 브랜드 창업에 필요한 서비스를 제공하고 있다.

15년간 디자인을 해왔고 창업가로서는 7년 차에 접어든 셈이다. 회사에서 디자이너로 일할 시기에는 오롯이 디자인 자체에만 집중할 수 있었기에 내일을 잘하고 상사와 주변 직원들과의 관계에만 조금 신경 쓰면 되는 일이었다. 디자이너로서 창의적인 결과물을 만들어 실제로 브랜드 매장에 전시되는 걸 볼 때의 그 성취감 하나로 일했다.

 하지만, 회사에 다니면서 내 마음대로 시스템을 바꿀 수 없고, 시키는 데로만 일하는 수동적인 일들이 나에게는 곧 지루함을 가져오기도 했다. 지금 생각해 보면, 나는 회사에서 나를 인정해 주고 능력을 키워줄 수 있는 곳에서는 계속 머물게 되었고 발전이 없거나 동기부여가 되지 않는 회사는 금방 나오게 되었다.

화장품 VMD

내 작은 브랜드를 창업하면서 가장 좋았던 점은 아이디어가 나올 때마다 바로 실행해 볼 수 있다는 사실이었다. 디자인을 내 마음대로 해보고 고객의 사랑을 받는 기쁨은 디자이너라면 누구나 꿈꾸는 일일 것이다. 브랜드의 콘셉트를 제품, 사진, 홈페이지, SNS, 매장 인테리어 등을 내 마음대로 만들어내는 것은 큰 성취감을 가져다주었다.

디자이너로 1인기업가로 7년간 일해오며 즐거움만 있는 건 아니다. 디자인만 할 수 있었던 10년 전과는 다르게 1인기업가는 사업의 1부터 10까지 모든 걸 혼자 처리해내야 한다.

마케팅, 영업, 회계 등 전문분야 외에 배워야 할 것이 끝도 없어 어떤 날은 모든 걸 포기하고 싶어질 때도 있다. 하지만, 다시 일어나서 할 일을 하나씩 해나가다 보면 내 자신이 대견하게 느껴질 때가 많다. 혼자 일하면 누가 인정해주고 칭찬해주는 일도 없기에 자신을 다독이며 나아가야 한다. 아무도 시키지 않는 일을 스스로 목표를 정하고 다음 단계로 나아가기 위해 끊임없이 나를 채찍질해야 하는 일이기도 하다.

많은 단점이 존재하지만 그럼에도 사업의 매력은 내 자신이 성장하는 모습을 계속 볼 수 있다는 점이다.

내가 스스로 생각해 낸 아이디어가 돈이 되는 순간 나에 대한 확신은 더 높아진다. 상상했던 기획이 실제로 이루어졌을 때 나의 판단이 틀리지 않았다는 것을 증명하는 일이 사업의 재미이기도 하다.

현재는 고객들에게 SNS 브랜딩 컨설팅과 브랜드 아이덴티티를 만들어

주는 일을 하고 있는데 브랜드 창업에서 필수인 비주얼 브랜딩을 해주는 일이다. 비주얼 브랜딩 디자인을 통해 정체성을 만들어주는 일이다. 이 일은 단순히 디자인만 잘해서는 해결될 수 없는 문제들이 많다. SNS를 통해 수익화를 하고 싶은 사람들의 비주얼은 단순히 예쁘기만 해서는 안 되기 때문이다. 어떤 콘셉트로 어떤 말투로 어떤 이미지로 고객에게 다가갈지 깊이 고민하고 브랜딩을 이해해야만 디자인적으로 풀어낼 수 있다. 고객에게 시원하게 고민을 풀어줄 수 있는 상담을 할 수 있으려면 많은 경험과 공부, 그들이 안심할 수 있도록 논리적으로 설득할 수 있는 스킬이 필요한 일이기도 하다.

SNS비주얼브랜딩 컨설팅 전

SNS비주얼브랜딩 컨설팅 후

브랜드 아이덴티티 디자인

디자인만 잘해서는 디자이너로 살아남기 힘든 이유가 이 때문이다. 디자이너가 큰 기업에서 일할 때 어려운 점은 소통일 것이다. 디자인은 감성의 영역이기 때문에 논리적인 마케터나 이성적인 경영자하고 소통하는 것은 어려운 일이다. 미적 감각에만 의존해서 디자인하다 보면 그 누구도 설득하기가 어렵다. 모든 디자인에는 좀 하나 선하나 컬러 하나에도 논리적인 이유가 존재해야 클라이언트, 경영자, 고객을 설득할 수 있다.

나도 처음에는 미적 감각 하나만 믿고 디자인을 해왔고 내 브랜드를 운영할 때는 마음껏 내가 하고 싶은 디자인 감각을 표현하는 일이 즐겁기도 했지만, 객관적인 시선으로 내 것을 평가할 수 없는 것이 단점이기도 했다. 클라이언트를 위한 디자인을 하게 되면서 디자인에 논리와 사고가 중요하다는 걸 느끼고 브랜딩에 관한 공부를 더 깊이 있게 하게 되었다.

디자이너 특유의 감성과 감각은 논리적인 사고 확장이 가능해졌을 때 더 훌륭한 디자이너가 될 수 있다. 다양한 분야 심리학, 마케팅, 브랜딩, 마인드, 경영 등을 같이 공부하다 보면 시야가 넓어져 다양한 분야의 사람들과의 소통이 어렵지 않게 된다. 여러 가지 스킬이 더해지면서 고객에게 내 디자인을 팔 수 있게 되면 더 큰 성취감을 느끼게 된다.

창업은 언제나 불안감과 두려움 또한 존재하는 것은 사실이다. 모든 것이 포화상태인 시장에서 1인기업으로 살아남기 위해 치열하게 고민하고 치열하게 노력하지 않으면 세상은 나를 찾아주지 않는다. 나는 안주하지 않고 매일 성장하는 1인기업가로 사는 것이 적성에 잘 맞기에 창업을 선택했다. 하루도 성장하지 않으면 잠이 안 오는 사람들이 있다. 그런 사람들은 사업을 해야 하고 회사에 있더라도 자신의 존재를 드러낼 수 있는 프로젝트를 통해 성취감을 맛보아야 만족한다.

나는 세상에 나의 존재를 가장 창의적으로 드러내는 방법은 사업이라고 생각한다. 앤디 워홀은 돈을 버는 것은 예술이고, 일하는 것도 예술이며, 훌륭한 사업이야말로 가장 뛰어난 예술이라고 말했다. 나는 최고의 예술을 만들기 위해 오늘도 1% 더 나은 결과물을 만들려고 노력한다.

새로운 도전을 겁내지 말고 자신의 정체성을 한계 짓지 말고 다양한 분야를 계속 공부하고 경험하라. 그럼, 자신도 모르는 잠재력이 튀어나와 세상을 놀라게 할 예술품을 만들어낼 수 있을 것이다.

# 2.

## 매출이 아닌 브랜딩 꼭 필요할까?

숫자에 사람들은 마음은 쉽게 움직인다. 모든 광고에 숫자가 붙으면 우리는 혹한다. 1초에 4병씩 팔린다는 앰플 홈쇼핑, 그것이 숫자 마케팅의 힘이다. 매출의 크기, 인플루언서의 힘에 기대어 매출을 올린 상품을 우리는 브랜드라고 기억할 수 있을까? 마케팅을 하는 모든 회사는 프로그램을 통해 매출을 추적하고 숫자와 결과를 만들어낸다. 이런 숫자의 세계에서 중요한 것은 브랜드 경험이 아닌 오직 매출이다. 사람들은 숫자를 좋아하는 건 사실이다. 그러나 숫자에 혹해서 산 제품이나 서비스를 두 번 구매하는 경우는 드물다.

처음 시작한 창업에서 브랜드 콘셉트를 구축하고 사람들에게 바로 브랜드로 인식시키는 데는 당연히 시간이 걸린다. 처음에는 계속 흔들리고 바뀌기도 한다. 성실하게 계속 좋은 제품을 만들어 마케팅하며 매출을 올리는 것도 중요한 일이지만 안정기에 접어들게 되면 브랜드 콘셉트를 구체화하고 브랜드 인지도를 높일 생각을 해야 한다. 브랜딩은 단순히 제품 판매에서 그치는 것이 아니라 브랜드를 고객들에게 인식시키는 하나의 장치이다.

　나는 향초 공방을 운영했을 때, 고객들이 이 공간에서 행복한 경험을 하고 가길 바랐다. 매장에 들어올 때부터 신비스러움이 느껴질 수 있도록 어두운 공간에 조명을 이용했고, 감성적인 음악을 틀어 분위기를 고취했다. 대부분 기념일에 남녀가 함께 오는 커플 향수 클래스는 단둘의 추억을 만들 수 있도록 단체수업을 하지 않았다. 향수를 만든 뒤에도 함께 커플 촬영해주었다. 향수 스티커에 네이밍과 날짜를 새겨주었다. 핑크와 그레이의 고급스러운 패키지를 만들어 남녀커플이 모두 만족할 수 있도록 완성도를 높였다. 내가 집중한 것은 매출이 아니라 고객이 행복해하는 표정과 그들만의 추억을 만들어주는 것이었다. 그것만 생각했기에 커플 향수 클래스는 많은 사랑을 받았고 고객들에게 단순히 향수를

만드는 것이 아닌 추억을 선물할 수 있었다. 이런 행복한 경험을 한 고객은 친구를 데리고 오고 생일에도 선물을 사러 오고 다른 고객들을 데리고 오며 SNS에 좋았던 경험을 사진과 함께 공유할 수밖에 없다. 브랜딩에 집중하면 자연스럽게

매출로 이어지게 되는 이유이다.

연 매출 100억의 수익을 올리는 라라브레드 카페는 디자이너를 4명 고용한다고 한다. 하나의 브랜드가 고객에게 오랫동안 사랑받으려면 변하지 않는 브랜드 고유의 색깔과 정체성이 필요하다고 느껴서였다. 강호동 대표는 오히려 작은 가게일수록 자신만의 색깔을 더욱 적극적으로 드러내야 치열한 외식업계에서 살아남을 수 있다고 말한다. 단순히 식음료만 판매하는 외식업체로 만들고 싶지 않았다. 누구나 행복하고 즐거운 경험이 되기를 바랐다. 브런치 카페라는 특성상 아이들과 오는 가족들을 배려해 엄마가 담소를 나누는 동안 아이도 놀이에 집중할 수 있게 매장 입구에 색칠 놀이를 할 수 있는 작은 엽서를 배치했는데 호응이 굉장히 좋았다.

 갤러리 공간을 마련해 전시회를 열고 굿즈를 판매하기도 했다. 매출만 생각했다면 그 공간에 테이블을 더 놓았을 수도 있었지만 라라브레드는 여기서만 경험할 수 있는 즐거움을 제공하고 싶었다. 그 기억을 가지고 다시 방문해 주는 충성 고객을 만드는 것이 더 장기적으로 긍정적인 영향을 미칠 것으로 생각했다. 그러한 예상은 적중했고 코로나 시국에도 크게 휘청이지 않고 꾸준한 매출을 기록했으며 고객을 팬으로 만드는 데 성공했다.

 매출을 올리고 고객에게 사랑받는 브랜드가 되기 위해서는 고객의 관점에서 고객의 욕구를 해결해 주고 감성을 충족시켜주어야 한다.

침대회사 시몬스는 '그로서리 스토어'를 만들어 삼겹살처럼 생긴 수세미, 달걀 포장에 소주잔을 넣어 판매하는가 하면 이상하게 편안함을 주는 영상을 만들어 보여주었다. 왜 침대회사가 이런 행사를 하는 것일까? 안정호 대표는 침대 매트리스는 일생에 몇 번 구매하지 않지만, 침대 하면 가장 먼저 "시몬스"가 떠오르게 만들고 싶었다. 침대매장 근처에도 가지 않을 거 같은 MZ세대들에게 시몬스가 마음속 어딘가에 자리 잡길 바라는 마음이었다. 사람들의 마음속에 특별함을 주기 위해서는 평범한 생각을 거부해야 한다. 침대회사에서 침대만 보여준다면 사람들은 특별함을 느낄 수 있을까? 고객들에게 이야깃거리가 될 만한 화젯거리를 만들어야만 SNS에서 바이럴이 된다.

브랜딩을 한다는 것은 대단한 것이 아니다. 우리의 고객이 무엇을 좋아할까? 라는 단순한 고민에서 시작된다. 고객에게 남기고 싶은 인식은 무엇일까? 고객은 브랜드에 대한 특별한 경험을 통해 브랜드를 인식하기 시작한다. 단순히 숫자로 혹하게 만드는 마케팅이 아니라, 오랫동안 추억으로 남을 즐거운 경험을 끌어내는 방법을 고민해보는 것으로 브랜딩을 시작해 보자.

# 3.

## 브랜드 정체성을 고민할 때
## 질문을 던져라

내가 하고 싶은 일을 찾았다면 브랜드 아이덴티티(BI)가 필요하다. 남들과 다른 고유한 가치를 가진 브랜드 정체성이 필요하다. 브랜드 아이덴티티(BI)하면 보통 로고나 심벌, 컬러 등을 떠올리게 되는데 그것이 전부는 아니다.

애플을 떠올렸을 때 사과 모양의 로고부터 미니멀한 디자인, 광고에서 본 감각적인 이미지, 스토어에서 경험한 공간의 기분, 스티브 잡스의 철학 등 모든 것들이 복합적으로 합쳐져서 애플 하면 떠오르는 느낌을 만들어내는 것이 브랜드의 아이덴티티이다.

브랜드의 첫인상을 만들어내는 로고나 컬러 같은 시각적인 요소들이 큰 역할을 한다. 하지만 한 사람의 외모로 모든 것을 판단하지 않듯이 브랜드도 성격과 개성, 가치관을 부여해야 비로소 그 브랜드를 진심으로 좋아하게 되는 것이다.

주변에 가장 좋아하는 친구 한 명을 떠올려보자. 근사하게 꾸민 외모는 첫인상을 크게 좌우하긴 하지만, 그 친구가 단지 외모가 이쁘거나 잘생겨서 좋아진 것은 아닐 것이다. 그 친구의 성격이나 취향이 나와 잘 맞아서 오랜 기간 관계를 쌓아왔을 것이다.

브랜드 고유의 가치를 고객에게 경험하게 만들어 단단한 관계를 쌓아가는 것이 바로 브랜드의 정체성을 만들어내는 일이다.

브랜딩이 쉽지 않은 이유는 친구와의 관계가 1년 안에 쉽게 만들어지는 것이 아니듯 고객과의 관계와 신뢰를 쌓기 위해서는 엄청난 시간의 노력이 필요하기 때문이다. 그 과정에서 시행착오와 실패를 겪을 수밖에 없다. 연애하거나 친구와의 관계에서 오랫동안 나를 좋아하게 만드는 것이 쉬운 일이 아니듯 브랜드도 마찬가지이다. 매력적인 브랜드가 만들어지려면 꿈을 이루고자 하는 대표와 팀의 강한 의지가 필요하다. 일관된 메시지와 차별화된 제품과 서비스, 다양한 활동을 통해 꾸준히 지속해서 보여주어야 한다.

건축물을 세울 때 기초가 되는 뼈대가 튼튼해야 100년이 되어도 무너지지 않는 것처럼 브랜드를 만들 때도 뼈대가 튼튼해야 오래가는 브랜드를 만들 수 있다. 처음부터 브랜드의 비전, 미션, 가치를 고민해보면 우리 브랜드만의 고유한 키워드와 특징을 뽑아낼 수 있다.


브랜드의 정체성을 고민할 때 나, 또는 내가 만들 브랜드를 중심으로 다음의 질문을 던져보자.

1. 브랜드의 히스토리는 무엇인가?

잇선은 나만의 브랜드를 창업하고 운영해오면서 아무리 작은 가게, 1인 크리에이터도 브랜딩이 꼭 필요하다는 사실을 깨닫게 되었다.

세상에 모든 브랜드는 가치가 있지만 그 가치를 표현하는 방법에어려움을 겪는 사람들이 많다. 디자인을 통해 브랜드 가치를 만들어주는 일을 하고 있다.

2. 브랜드의 비전은 무엇인가?

모든 브랜드에는 각각의 고유한 가치가 있고 그 가치를 시각적으로 표현할 수 있는 디자인으로 사랑받을 수 있도록 만들어주는 것이 "잇선" 브랜드의 비전이다.

3. 고객이 내 브랜드를 사용해야 하는 이유는 무엇인가?

잇선은 '브랜딩'을 통해 실체가 없는 브랜드에 이름을 붙여주고 그 이름에 어울리는 가장 예쁜 옷을 입혀준 후 브랜드 전략을 세워 살아 움직이는 브랜드로 만들어준다.

4. 이 브랜드가 없다면 사람들이 불편해할 부분은 무엇일까?

누구나 브랜드를 만들고 싶어 하지만 그 일을 자신의 사명으로 여기고 시간과 돈을 투자하면서 실행하는 사람은 많지 않다. 자신이 가진 브랜드에 대해 진지하게 고민해보지 않은 사람의 브랜드를 만들어주는 일은 나에게도 어려운 일이었다. 자신의 브랜드가 나아가야 할 방향을 글을 통해 정확하게 정의 내릴 수 있는 사람에게 비주얼 브랜딩을 통해 가치를 더 극대화할 수 있도록 돕는 서비스이다.

5. 나의 타깃은 누구인가?
   1) 자신만의 콘텐츠, 제품 서비스의 철학이 명확한 창업가
   2) 브랜딩에서 디자인이 중요하다고 생각하고 인지하는 사람
   3) 브랜딩 디자인 서비스를 유료로 투자할 가치를 아는 사람
   4) 브랜딩에 자신의 시간을 투자할 수 있는 가치를 아는 사람
   5) 창업, 콘텐츠 아이템은 있지만 브랜딩을 어떻게 풀어야 할지 모르는 사람
   6) 자신의 꿈과 잠재력을 끌어줄 멘토를 찾는 사람

6. 그럼 이 부분을 어떻게 해결해 줄 수 있는가?
   1) 내 고객은 대부분 1인 창업가로 시작해 자신만의 창업 아이템이 있지만 전문적인 브랜딩이 부족하다.
   2) 내 고객은 자신의 서비스를 멋지게 일관되게 표현하고 싶지만 어떻게 보여줘야 할지 고민이다.
   3) 지속적으로 효과적인 브랜딩을 하고 싶다.
   4) 내 고객은 대부분 1인 10역을 할 정도로 일이 많아 디자인과 브랜딩에 시간을 많이 투자하기가 어렵다.
   5) 브랜딩을 통해 고객들의 마음을 사로잡아 매출을 상승시키고 싶다. 창업가가 디자이너를 계속 고용하지 않아도 지속적인 브랜딩

이 가능하도록 다양한 비주얼브랜딩 서비스를 만들어 창업가의 브랜딩에 대한 고민을 해결해 준다.

7. 성공적으로 고객의 문제를 해결하면 고객은 어떻게 달라질까?

자신만의 브랜드를 운영하는 사람에게는 비주얼 브랜딩이 필수인데 대부분 중구난방 정리가 안 되는 SNS와 오프라인 상점을 운영하고 있다. 정리 안 된 비주얼 이미지들을 정리하여 일관된 브랜딩을 통해 매출이 올라가고 고객들의 머릿속에 브랜드로 인식될 수 있도록 도와준다.

8. 브랜드의 목표는 무엇인가?

브랜드를 통해 사람들의 잠재력과 가치를 찾아주고 꿈을 이루는 데 도움이 되어줄 것이다.

위 8가지의 질문을 통해 내가 가진 브랜드의 정체성을 글로 정리해 보면 세상에 내가 기여할 일이 무엇인지 정확하게 인지할 수 있고 자신에게 주어진 소명도 찾을 수 있다. 슬럼프가 올 때마다 처음 던졌던 이 질문지를 꺼내보면 일을 지속하는 데 도움이 될 것이다.

# 4.

## 팔리는 브랜드는
## 기획부터 다르다

　일본 전국에 1,400개의 츠타야 서점을 만든 마스다 무네아키는 장사에서 답을 발견하는 방법은 간단하다고 한다. "고객의 입장에서 생각하는 것이다." 고객의 기분으로 기획하기 위해 몇 번이고 매장을 바라본다. 쉬는 날에도 비 오는 날에도 찜통더위에도 아침에도 점심에도 저녁에도 고객의 기분을 이해하려고 매장까지 수차례 걷는다. 고객의 입장이 되어 브랜드를 경험하는 시작부터 끝까지 미리 경험해보고 느끼는 점들을 기록해 나가며 개선점을 찾아보는 것이다. 답을 찾을 수 있다면 기획은 쉬워지는데 다들 답을 찾으려 하지 않는다. 누구나 할 수 있는 간단한 일인데 하는 사람은 적다.

　나는 향초 브랜드를 운영했을 때 회사에 다니는 직장인들이 한 달에 한 번씩 이벤트성으로 단체로 방문해 함께 향초를 만들어가는 단체 클래스가 많았다.

처음에는 테이블을 20명이 단체로 앉을 수 있도록 만들었는데 그 분위기는 서로 편안한 대화를 이끌어내지 못하는 느낌이었다. 마치 회사의 지루한 회의실 같은 느낌이었다. 나는 무엇이 문제일까라는 고민했고 그 문제는 생각보다 쉽게 해결되었다. 테이블을 4명씩 앉을 수 있도록 배치를 바꿨고 단체클래스에서도 4명씩 조를 만들어주니 향초를 만들면서 대화도 많이 하고 다른 테이블이 궁금해서 놀러 오기도 하며 분위기가 확 바뀐 것을 볼 수 있었다. 이 분위기는 사진에 그대로 반영되어 SNS와 블로그에 공유했고 그 후로 단체 클래스 문의가 많아졌다. 내가 만든 서비스나 제품을 기획했을 때 사람들의 반응이 별로라면 반드시 무엇이 문제인지 분석하고 개선해야 한다.

캔들공방 단체클래스

애플의 스티브 잡스는 본체의 선이 어지럽고, 온통 검은색인 컴퓨터가 책상마다 있으니 사무실이 너무 어수선한 닭장 같다고 생각했다. 본체와 모니터를 하나로 만들어 지저분한 선들을 없앴고 반투명 플라스틱 본체를 만들어 사무실 풍경이 더 이상 지루하지 않게 만들었다.

사람들은 애플의 컴퓨터를 '누드 디자인'이라고 이름을 붙이며 멋지다고 감탄했다. 그 후로 카피 디자인이 많이 나왔지만, 잡스의 사무실 환경을 바꿔야겠다는 큰 틀을 보지 못한 그저 겉모습만 베낀 디자인은 짝퉁이 될 수밖에 없었다. 문제의 본질을 생각하지 않고 겉만 베낀 제품과 서비스는 오래갈 수 없다.

버질 아블로는 미국의 패션디자이너이다. 2012년에 스트리트 웨어와 럭셔리 패션의 믹스로 '오프화이트'를 설립했다.

그는 토목공학을 전공하고 건축학 석사학위를 받은 후 자신의 블로그에 패션과 관련된 글을 쓰기 시작했
다. 졸업후 패션하우스 펜디에서 인
턴생활을 시작했다.

루이뷔통의 아트디렉터로 발탁된
버질 아블로는 이질적인 것의 창의
적인 합이 새로운 것을 창출한다는
걸 알고 있었다. "나는 창작하지 않
는다. 다만 어디선가 따와서 편집할
뿐이다."

그는 패션브랜드의 남성복 라인을
이끈 아프리카계 최초의 인물과 흑
인들의 전유물 '스트리트 패션'을 패션트렌드의 한축으로 끌어올린 디자
이너라는 타이틀을 얻게 되었다.

너무나 친숙한 제품 이케아, 에비앙 생수, 리모아 가방 등에 무심코 던
진 듯한 자신의 생각을 담아 독특한 제품을 만들었고 "나는 멋지게 만드
는 건 관심 없어요. 그보다는 어떤 물건이 뭔가 말하게끔 하는 데 더 관
심이 있죠."

나이키와 협업하며 상징적인 10가지 실루엣 제품들을 자신의 스타일
로 재창조하며 한정판으로 마니아들이 갈망하는 에디션을 만들어냈다.

"당신이 절대 그냥 스크롤을 내릴 수 없을 만한 스니커즈를 만들고 싶
다."

일본인 아티스트 무라카미 다카시와 함께 전시회를 하기도 하고 10대

때부터 디제잉을 하며 싱글앨범을 내며 음악인으로도 활동했다.

〈뉴욕타임스〉는 그를 '패션을 예술, 음악, 정치, 철학의 반열에 올려놓은 디자이너였다'고 평가했다.

'메르세데스벤츠'는 '협업의 무한한 가능성을 제시하고 주변에 영감을 준 그의 업적에 경의를 표한다'고 밝혔다.

그는 안타깝게도 심장암으로 2021년 사망했지만 패션에서부터 예술, 건축 다양한 기업과 협업까지 디자이너로서 대단한 업적을 남겼다.

루이뷔통은 왜 버질 아블로를 선택했을까? 그가 디자인을 잘해서라기보다 콘셉트를 잘 잡는 사람이기 때문에 버질 아블로는 유명해졌다.

사람들은 새로운 관점을 제시하는 사람과 제품 서비스에 끌린다. 같은 것을 다르게 해석하는 관점을 만들어 기존에 있는 것을 새롭게 편집해보자.

피카소는 "유능한 예술가는 모방하고 위대한 예술가는 훔친다."라고
했다. 세상 아래 새로운 것은 없으며 인류가 지금까지 만들어놓은 최고
의 것들을 이용해 자신의 일에 접목하는 지혜를 발휘해 보자.

# 5.
## 브랜드 네이밍에는
## 철학을 담아라

나는 2014년 창업을 시작한 9년의 시간 동안 브랜드 창업을 위한 네이밍부터, 작은 프로젝트의 이름들, 다양한 인터넷 닉네임까지 수많은 이름을 만들어 왔다. 요즘은 자신만의 SNS를 모두 운영하고 있으며 자신의 본명보다는 닉네임을 사용하는 경우가 많다. 누구나 한 번쯤은 네이밍에 대해 고민해보았을 것이다.

어떤 분들은 네이밍을 큰 고민 없이 아무 이름이나 짓는 경우도 많이 보았다. 운이 좋다면 그 이름이 독창적일 수도 있지만 그렇지 않을 경우 법적으로도 나중에 문제가 될 수 있기에 미리 여러 가지 사항들을 체크해보고 결정해야 한다.

네이밍은 브랜드가 되기 전에는 큰 가치가 생기지는 않지만, 영향력 있는 사람이 되거나 유명한 브랜드가 되면 네이밍에 가치가 생긴다.

개인적으로 나는 네이밍을 깊이 있게 고민해서 만들었을 때 오래가고 애정이 생기는 경우가 많았다. 대충 이뻐서 지은 이름들의 수명은 대체로 오래가지 못하고 쉽게 이름을 바꾸었다.

내가 스스로 네이밍에 확신이 들었을 때 사업이든, SNS 콘텐츠든 제품이든 지속할 수 있는 의미와 확신이 생겼다. 네이밍을 고민할 때 멋진 이름, 최고의 이름을 짓겠다는 생각보다는 내가 그 네이밍에 큰 의미를 부여해서 짓는 것이 중요하다.

브랜드 네이밍은 고객이 제품이나 서비스를 경험하면서 고객이 의미를 부여하기 전까지는 브랜드의 가치가 빛나지 않는다. 하지만 브랜드를 경험하면서 어떤 특별한 가치가 느껴졌을 때 내 제품이나 서비스를 보다 매력적으로 보이는 데 보탬이 되는 건 분명하다.

브랜드 네이밍은 운이 좋으면 갑자기 떠오르기도 하고 1년을 고민해도 끝이 안 나는 경우도 있다. 정말 멋진 네이밍을 우연히 만들었다고 하더라도 이미 있는 경우가 많다.

다음 체크 사항을 점검한 후에 결정하면 시행착오를 줄일 수 있다.

첫째, 브랜드 네임은 소비자에게 브랜드 충성도를 갖게 한다.

브랜드 충성도란 어떤 브랜드를 이용한 후 만족스러워 다시 사용하거나 맹목적으로 어떤 브랜드에 대한 선호도가 높아서 무조건 그 브랜드를 구매하는 행동을 말한다.

예) 애플브랜드에 대한 충성도가 높은 소비자는 애플에서 나오는 다른 제품들도 모두 구매할 확률이 높고 주위에 있는 사람들에게 애플브랜드에 대해 긍정적인 피드백을 퍼트리게 된다.

두 번째, 브랜드 네임은 상표로 등록받음으로써 타인이 남용하는 것을 방지할 수 있다.

상표등록을 하지 않고 어떤 네임을 사용하면 다른 회사에서 이미 상표등록을 하고 사용했다면 유사 상표권으로 소송에 휘말려 뒤늦게 브랜드 네임을 변경해야 할 수 있으므로 자신만이 사용할 수 있는 네임을 선정하고 권리를 확보해야 한다.

세 번째, 브랜드 네임은 불변성을 지닌다.

브랜드를 나타내주는 아이덴티티 요소에는 네임, 로고, 심벌, 슬로건, 패키지, 캐릭터 등 요소가 있는데 이 중 네임은 다른 요소에 비해 불변성을 갖는다. 다른 요소는 바뀌어도 네임은 한번 쌓아온 브랜드 가치를 날려버릴 수 있기에 쉽게 변경할 수가 없다.

넷째, 브랜드 네임을 만든 후에는 인터넷 기반으로 미리 검색하고 결정하는 것이 좋다.

1) 네이버 검색

네이버에 검색했을 때 같은 이름이 없는지 확인한다. 같은 이름이 없어야 추후 고객이 검색했을 때 혼동 없이 사용할 수 있고 별도로 광고하지 않아도 된다.

2) 상표 검색

키프리스라는 사이트에서 검색해 본다. 검색 결과에 없으면 상표등록의 가능성이 커지고 사용해도 좋다. 같은 이름이 있다고 하더라도 사업의 카테고리가 다르면 등록할 수 있다. 전문변리사 특허사무소를 통해 상담받는 것을 추천한다.

2) 인스타 검색

브랜드를 시작하게 되면 제일 중요한 홍보 수단이 인스타그램이기 때문에 이름을 짓기 전에 꼭 검색해 보고 결정하는 것이 좋다. 이 또한, 흔한 이름을 지었을 때 겹치는 이름이 너무 많으면 고객이 쉽게 찾기가 어렵고 혼동을 주게 된다.

4) 도메인 검색

후이즈, 닷네임, 가비아 등의 도매인 등록 사이트를 통해 검색해 본다. 같은 이름이 있으면 예를 들어 네이밍을 잇선이라고 짓고 ITSUN.COM 도메인을 검색했을 때 누군가 사용하고 있다면 포기하지 말고 ITSUN.CO.KR 등록 여부를 확인하거나 ITSUN_STUDIO 등으로 검색해서 없으면 사용한다.

5) 유튜브 검색

요즘은 유튜브도 필수 홍보 수단이기 때문에 유튜브에서도 검색해 보는 것이 좋다.

예를 들어 '잇선브랜딩연구소'라고 검색했을 때 같은 이름으로 사용하는 사람이 없으면 된다.


네이밍 발상에 가장 도움이 되는 4가지 기법을 소개해보겠다.

첫째, 인명 기법은 유명한 사람이나 기업의 창시자 이름을 활용해 네이밍을 만드는 기법, 신뢰와 친근감을 확보할 수 있다.

예) 민병철어학원, 김정문알로에

두 번째, 자연어 기법은 사전에 있는 모든 단어를 글자변형 없이 사용하는 기법이다. 하지만 자연어는 이미 상표로 등록될 경우가 많고 상표로서 등록받기 어렵다는 단점이 있다. 장점은 소비자에게 쉽게 인지될 수 있다.

예) 게스(청바지), 트라이(내의)

셋째, 첫머리 기법은 영어 알파벳을 조합하거나 네임이 긴 경우에는 영문 이니셜만 사용하는 기법이다

예) 한국통신 〉 kt, 선경〉 SK

넷째, 단어결합 기법이다. 두 개의 단어를 변형 없이 결합해 하나의 네임으로 만든다.

예) 더페이스샵, 스킨푸드


내가 네이밍을 하는 방식은 브랜드 제품군이 향이라면 향과 관련된 키워드를 쭉 적어본다. 외국어 사전에서 단어를 찾아 10가지 정도의 후보안을 만들어본다. 그 후 위의 4가지 네이밍기법을 적용해 네이밍을 해본 뒤에 다음 사항을 체크해 본다.


1) 차별성: 경쟁 제품과 차별화되는 네임인가?

2) 전문성: 관련 제품의 기능을 잘 표현한 네임인가?

3) 타깃 적합성: 타깃의 기호와 적합한 네임인가?

4) 기억의 용이성: 소비자가 쉽게 기억할 수 있는가?

5) 발음의 용이성: 소비자가 쉽게 발음할 수 있는가?

상표등록은 자신의 브랜드가 향후 5년 후에 이루어 낼 영향력을 생각해서 상표출원을 하는 것이 좋다. 먼저 브랜드 상표를 출원한 사람에게 우선권이 있기에 오랫동안 상표출원 없이 사용한 브랜드를 일주일 먼저 출원한 사람에게 권리를 넘겨줘야 할 수도 있으니 브랜드 네임에 확신이 생기면 반드시 상표출원을 하도록 한다.

# 6.

## 고객을 부르는
## 심벌마크를 만들어라

 성공한 기업들은 자신만의 철학을 담은 심벌마크를 모두 가지고 있다. 심벌마크에는 네이밍과, 폰트, 색상 등이 포함되며 브랜드의 철학이 녹아 있어야 한다. 동네의 카페와 스타벅스의 차이는 무엇일까? 동네 카페는 다녀왔을 때 기억되는 강력한 무언가가 남아 있지 않아 잊힌다는 것이다. 스타벅스를 다녀오면 우리 기억 속에 각인된 초록색과 함께 바다 요정 세이렌의 이미지가 기억 속에 각인된다. 스타벅스의 심벌마크는 바다 위로 배들이 지나갈 때 아름다운 목소리로 노래를 불러 선원을 유혹한 세이렌처럼 지나가는 손님을 유혹해 매장 안으로 들어오게 하겠다는 의지를 심어놓았다. 우리는 세이렌의 형상만 보고도 스타벅스임을 알아차리며 알게 모르게 세이렌의 유혹으로 또다시 스타벅스를 찾는다.

 백종원의 백다방 캐릭터 로고와 스타벅스의 세이렌의 로고에서 느껴지는 이미지는 어떻게 다른지 비교해 보면 브랜드의 아이덴티티가 어떻게 표현될 수 있는지 쉽게 이해될 것이다. 백다방을 생각하면 백종원의 구수한 이미지와 신뢰감이 떠오르고 가성비 좋은 커피 한잔 캐주얼한 느낌의 공간이 떠오른다. 스타벅스를 떠올리면 고급스럽고 이국적이며 편안한 공간에서 즐길 수 있는 고객들이 책을 읽거나 노트북을 하는 모습이 연상된다.

자신의 브랜드의 정체성을 어떻게 정의하느냐에 따라 브랜드 로고부터 심볼 컬러 공간의 분위기까지도 일관되게 가져가야 고객들의 머릿속에 하나의 연상 이미지를 떠올릴 수 있게 된다.

브랜드가 되기 위해서는 브랜드 고유의 아이덴티티가 분명히 확립돼야 한다. 대부분 창업 초기에는 심벌마크에 힘을 쓰기 어려운 경우가 많아 대충 만들거나 생각을 안 하기도 한다.

나도 처음부터 완벽한 심벌마크와 로고를 만들지 않았다. 창업 초기에는 고객에게 인식되는 경우가 드물어서 내가 원하는 이미지를 구축할 때까지 천천히 수정해 나갔다. 첫 번째 향초 브랜드를 창업했을 때는 로고의 이름을 라틴어와 영어로 조합해 이국적이고 신비스러우며 심플하게 만들었다. 심벌마크는 수정은 10번 정도를 거듭해 최종적으로는 고급스러운 골드컬러로 영문으로만 조합된 로고를 만들었다.

처음에는 캔케이스에 빈티지한 라벨 스티커를 만들었고 화이트와 블랙만 사용해 로고를 만들었다. 창업 초기에 비용을 들이지 않고 테스트하기 위한 수단이었다. 본격적으로 창업에 대한 확신이 들었을 때 제대로 된 로고와 핑크와 그레이의 패키지를 제작하였다.

브랜드의 심벌마크를 패키지, 웹사이트, 공간, SNS에 모두 동일하게 적용하면 사람들에게 내 브랜드의 이미지를 쉽게 각인시킬 수 있다.

스타벅스도 초기에는 로고가 조잡했고 이케아도 로고가 1951년부터 현재까지 6번이나 바뀌었다. 이케아의 로고는 파란색과 노란색의 로고가 떠오르는데 신뢰성과 편안함을 상징하며 이는 실용적이고 단순하여 누구나 쉽게 인식할 수 있다. 로고에 큰 의미가 들어 있지는 않지만 컬러만으로도 매우 쉽게 고객에게 인식될 수 있다는 사례를 보여준다.

사과의 심벌마크를 보면 바로 애플이 떠오른다. 심벌마크만 보아도 애플의 미니멀한 디자인을 표현할 수 있는 심플함을 바로 느낄 수 있다.

'less is more.' 단순한 것이 더 아름답다는 미니멀리즘을 대표하는 문구로 건축가 미스반데어로에가 한 말이다. 단순한 미학이 주는 아름다움에 대해 나온 이 말은 스티브 잡스의 철학과도 일치하여 많은 기업들에게 영감을 주었으며 오늘날까지도 다양한 분야에서 참고하고 있다.

기아자동차는 16년 만에 로고를 바꾸어 현재의 세련된 형태가 완성되었는데 로고 변경하는 데 들어가는 금액은 최소 6천억 원이라고 한다. 로고 디자인을 자주 변경하는 것은 고객의 혼란을 일으킬 수 있다. 브랜드 아이덴티티가 모호해지는 문제가 발생할 수도 있다. 그럼에도 로고를 변경해 새로운 이미지를 만들어내는 이유는 디자인적으로 우수하고 히스토리를 지닌 로고는 브랜드 이미지를 좌우하며 소비를 촉발하는 힘이 있기 때문이다.

기아로고 변경 전후

심벌마크 또는 자신의 이미지의 힘을 활용하면 대기업, 프랜차이즈가 아니어도 충분히 자기 존재를 사람들에게 분명하게 인식시킬 수 있다. 특히, 컬러를 이용하면 사람들의 눈을 사로잡을 수 있다. 노란색을 보면 밝고 긍정적인 기분이 들고 핑크를 보면 사랑스럽고 여성스러운 느낌이 떠오른다.

심벌마크에 브랜드 고유의 색상, 패턴, 로고 등이 함께 사용되었을 때의 시너지 효과와 브랜드 확장은 엄청나다는 사실을 기억해야 한다. 단

순히 보기 좋다는 느낌이 아닌 사람들의 뇌 속에 확실히 각인되는 효과
를 누릴 수 있게 된다. 사람들에게 전달하고 싶은 이미지가 어떤 것인지
확실히 정의하고 시각적으로 표현할 수 있다면 사람들의 기억 속에 오랫
동안 남을 것이다.

# 7.

## 사람의 마음을 움직이는
## 브랜드 컬러를 고민하라

인간은 오감을 통해 받아들이는 정보 중 80% 이상이 시각에 의해 이루어진다. 그중 컬러는 60% 이상의 비중을 차지하는 만큼 브랜드의 정체성을 표현하는데 컬러는 가장 중요한 역할을 한다. 나만의 브랜드 컬러를 가진다는 것은 남들과 차별화된 브랜드의 정체성을 가진다는 의미이다. 우리는 티파니의 블루컬러, 페라리의 레드, 스타벅스의 그린, 에르메스의 오렌지, 샤넬의 블랙&화이트에게 열광한다. 브랜드 고유의 컬러와 스토리는 사람들을 유혹시킨다.

티파니블루는 여자의 마음을 설레게 만드는 강력한 힘을 가지고 있다. '티파니 하면 주얼리' 자체보다도 티파니블루 컬러의 패키지가 생각나는 것은 브랜딩의 핵심이 컬러가 될 수 있다는 사실을 증명해 보인다.

〈악마는 프라다를 입는다〉에서 미란다와 앤드리아의 대화를 보자. 비슷한 색깔의 벨트를 가지고 고민하는 것을 본 앤드리아가 웃는다. 그러자 미란다는 말한다. "이런? 넌 이게 너랑 아무 상관없다고 생각하는구나? 넌 너 옷장으로 가서 블루색 스웨터를 골랐나 보네. 하지만 넌 그 스웨터는 단순한 블루색이 아니란 걸 모르나 보다. 그건 터쿼즈색이 아니라 정확히는 샐룰리안색이란 거야. 2002년에 오 사크 드렌타가 샐룰리안색 가운을 발표했었지. 그 후에 입생로랑이 군용 샐룰리안색 재킷을 선보였었고 그 후 8명의 다른 디자이너들의 발표회에서 샐룰리안색은 속속 등장하게 되었지. 그런 후에 백화점으로 내려갔고 끔찍한 캐주얼 코너로 넘어간 거지. 그렇지만 그 블루색은 수많은 재화와 일자리를 창출했어. 좀 웃기지 않니?"

이처럼, 브랜드 컬러를 선정하는 일은 비즈니스의 성패를 가릴 수 있는 아주 중요한 문제이다.

내가 만든 향초 브랜드의 메인 컬러는 핑크와 그레이였다. 하나의 주제 색을 사용하면 강렬하게 인식시키는 장점이 있지만, 서로 보완해 줄 수 있는 보조 색을 같이 사용했다.

나는 핑크와 그레이로 남자와 여자의 향을 함께 만들고 남자에게는 모던한 그레이 패키지를 여자에게는 사랑스러운 핑크의 패키지를 서로 선물하는 모습을 상상했다. 브랜드 컬러를 만든다는 것은 경쟁사와 차별화된 포인트를 만들어내는 것이다. 단순히 컬러를 이유 없이 선택해서 만들기보다 브랜드 콘셉트에 맞는 스토리를 담을 수 있는 특별한 컬러를 만들어야 한다.

한 가지 색에서도 수많은 톤(명함, 채도) 존재하고 색마다 주는 감정의 느낌들이 다르다. 같은 핑크여도 핫핑크와 복숭아 핑크는 다른 감정을 불러온다. 핫핑크는 생동감을 주며 강한 에너지가 느껴진다. 복숭아 핑크는 달콤하고 귀여운 느낌을 주듯이 컬러와 톤이 주는 느낌은 저마다 다른 이야기와 감정을 만들어낸다.

핑크라는 색 안에 수많은 색 이름이 존재한다. 모브, 미스티로즈, 다마스크, 로지브라운, 프림로즈핑크, 세리즈, 드렁크 탱크 핑크, 카네이션 핑크, 페일 블러시, 칼립소 코랄, 홍매화색, 복숭아색 컬러의 이름도 수백 가지로 종류가 끝도 없이 만들어지는 걸 보면 그만큼 많이 사용되고 있다는 말이기도 하다.

| PANTONE®<br>11-1408 TCX<br>Rosewater | PANTONE®<br>12-1212 TPG<br>Veiled Rose | PANTONE®<br>14-1714 TPG<br>Quartz Pink | PANTONE®<br>15-1821 TPG<br>Flamingo Pink | PANTONE®<br>15-1922 TCX<br>Geranium Pink |
|---|---|---|---|---|
| PANTONE®<br>13-3207 TCX<br>Cherry Blossom | PANTONE®<br>13-1906 TPG<br>Rose Shadow | PANTONE®<br>14-1911 TCX<br>Candy Pink | PANTONE®<br>15-1816 TCX<br>Peony | PANTONE®<br>15-1624 TPG<br>Conch Shell |

　나는 브랜드 고유의 컬러를 만들기 위해 너무 발랄하지도 너무 무겁지도 않은 중간톤의 고급스러운 피치톤의 핑크를 찾아냈다. 많은 자료를 찾아보았고 경쟁사들과 차별화된 핑크를 만들기 위해 노력했다. 실제로 인쇄공장에서 컬러가 인쇄되는 순간까지 내가 원하는 컬러를 만들기 위해 끝까지 집요하게 매달렸다. 패키지를 만들었을 때의 그 설렘은 고객들도 당연히 알아봐 주었고, 나만의 브랜드 컬러로 패키지를 완성한 덕분에 차별화된 브랜딩이 가능했다고 생각한다. 나는 브랜드 컬러의 강력한 힘을 믿는다. 이 컬러의 힘을 이용해 모든 홍보채널에서 이 컬러들이 주는 느낌을 일관성 있게 보여주는 것도 중요하다. 브랜드 컬러를 정해놓고도 홈페이지, 제품, 사진, 공간, SNS 홍보 채널에 일관되게 표현하지 못한다면 고객들에게 브랜드의 컬러를 인식시키기는 어렵다.

남편이 운영하는 퍼랩스 가구의 브랜드 컬러는 뉴트럴 톤이다. 무난한 색 흰색, 베이지 같은 색들은 '심리학적 원색'과 거리가 멀어 특별하게 심리를 자극하지 않는다. 자연을 담은 내추럴한 색이기에 편안함을 주기도 한다. 뉴튜럴톤은 중립적인 색으로 따뜻한 분위기와 차가운 분위기 어느 쪽에도 속하지 않는 중성적인 색이며 세련되고 모던한 분위기를 잘 살릴 수 있다.

샤넬이 모던하고 고급스러운 느낌을 낼 수 있는 것도 무채색의 화이트, 블랙, 베이지를 잘 쓰기 때문이다. 이런 뉴트럴 컬러들은 자칫, 지루해 보일 수 있지만, 홈페이지나 공간에서 그 시즌의 포인트 컬러를 잘 활용하면 충분히 생기 있어 보일 수 있다.

내가 좋아하는 컬러와 내가 운영하는 비즈니스의 색이 같을 이유는 없다. 처음 창업을 할 때 내가 좋아하는 것들 예쁘게 보이는 것들을 아무런 논리 없이 사용하는 경우가 많은데 비즈니스의 성격과 타깃, 콘셉트를 고려해서 컬러를 결정해야 한다.

브랜드 컬러가 고민된다면 컬러의 기본적인 의미를 이해하면 선택하는 데 도움이 될 것이다.

빨강 – 열정, 사랑, 재물, 힘

오렌지 – 기쁨, 에너지, 성공, 매력

분홍 – 젊음, 감성, 행복, 사랑, 부드러움, 달콤

노랑 – 태양의 밝음, 긍정, 안정, 자신감

초록 – 성장, 웰빙, 친환경, 신선

파랑 – 차가움, 이성적, 지적임, 하늘, 물, 믿음, 평화, 희망, 지혜

보라 – 신비로움, 고귀함, 예술성, 희소성, 럭셔리,

검정 – 정직, 깨끗함, 간결함, 고급스러움, 지적임, 독립적, 우아함

하양 – 모든 빛, 깨끗함, 행복, 밝음, 순결, 맑음

베이지 – 인내, 성실

그레이 – 성실, 신중, 균형


나의 비즈니스와 잘 맞는 컬러를 선택했다면 이제는 톤(명도, 채도)을 선택할 차례이다.

내 브랜드가 표방하는 철학, 내 브랜드의 핵심고객이 누구인지에 따라 전체적인 색의 톤을 정한다. 메인 컬러를 사랑스러운 핑크로 정하고 톤(명암, 채도)을 선택할 수 있다면 브랜드 컬러를 만들 수 있는 선택의 폭이 넓어진다. 주제 색을 정했다면 보조색으로 3~5개 정도의 컬러를 함께 설정해 주면 다양하게 활용할 수 있다.

브랜드 컬러를 정했다면 컬러에 네이밍을 붙이고 이 컬러로 특별한 히스토리를 만들어보자.

브랜딩이란 고객이 내 브랜드를 계속해서 기억하게 만들고 브랜드에 대한 신뢰를 높여가는 과정이다. 마법 같은 힘을 가진 컬러를 마음껏 활용할 수 있다면 고객의 마음속에 내 브랜드를 각인시키는 데 성공할 것이다.

# 8.

## 비주얼로 브랜드 이미지를 만들어라

사람들은 이제 인스타그램 유튜브를 통해 정보를 검색하고 이미지를 보는 즉시 '좋아요'와 '댓글'을 통해 서비스나 상품, 장소를 판단하고 구매의 결정을 내린다.

지금 시대는 '나를 표현하는 시대'이다. 인플루언서들은 자신이 먹는 음식이나 패션 라이프스타일로 자신의 위치를 표현한다.

나는 가고 싶은 장소나 맛집을 인스타그램에서 해시태그를 통해 검색하고 그곳의 분위기를 먼저 살핀다. 그때 한 장의 사진을 통해 이곳이 나의 인스타그램의 사진을 남길 수 있을 정도로 매력적인가를 먼저 떠올린다. 식당은 '맛'이 가장 중요하지만, SNS로 식당, 카페를 찾아가는 요즘 시대에 비주얼적인 요소에서 끌림을 만들어내지 못하면 그 '맛'을 볼 생각조차 하지 않는 것이 요즘 고객들의 취향이다.

제공하는 서비스와 상품, 장소는 비주얼적으로 매력이 있을 때 선택받을 수 있는 확률이 높아지기 때문에 보이는 비주얼적인 요소를 중요하게 생각하고 기획해야 한다.

　마켓컬리가 성공한 이유는 샛별 배송과 특화된 상품 외에도 기존 마트 쇼핑몰에서 볼 수 없었던 음식 비주얼 사진이 한몫한다. 마켓컬리는 '근사하게 차려낸 저녁 식탁'이라는 콘셉트 아래 멋진 사진을 자연스럽게 연출함으로써 고객에게 소고기를 구매하면 이렇게 멋진 저녁 시간이 될 수 있다는 걸 기대하게 만든다. 먹고 싶어지는 멋진 사진 한 장은 경쟁사와 차별화되는 포인트이다. 마켓컬리는 가격이 동네 마트보다 저렴하진 않지만 즐겨 찾는 이유는 쇼핑할 때의 즐거움이다. 마켓컬리의 비주얼 전략은 보기만 해도 먹고 싶어지는 구매욕을 자극하며 패키지 또한, 프리미엄 마트에서 구매한 듯한 특별함을 주기 때문이다. 밤 11시까지 주문하면 새벽에 도착하는 '샛별 배송'은 바쁜 엄마들에게 편리함을 제공했다.

출처:마켓컬리 홈페이지

사진 한 장으로 그 이상의 가치를 전달할 수 있는 것이다. 상품을 구매할 때도 패키지나 제품디자인이 멋진 것은 기본적으로 선택하는 요소이다. 자주 사는 생활용품이나 화장품은 아무리 품질이 좋아도 디자인이 멋지지 않으면 선택하지 않게 된다. 상품의 품질은 물론 집안의 인테리어와 어울려야 하는 것은 기본이다.

서점에서 책을 살 때도 내용이 아무리 좋아도 책 표지와 안의 편집상태가 멋지지 않으면 구매하기가 망설여진다. 사람들은 선천적으로 아름다움을 갈망한다. 예쁘고 멋진 연예인을 좋아하는 이유는 보기만 해도 기분이 좋기 때문이다.

디자인은 겉모습일 뿐이라고 판단하는 것보다 보기 좋은 떡이 먹기도 좋다는 말을 인정해야 한다. 그림 한 점이 천 마디의 말을 이길 수 있다는 것은 대가의 그림이 고가에 거래되는 것을 보아도 알 수 있다. 고객에게 이미지를 각인시킨다는 것은 단어를 기억시키는 일보다 더 효과적이기 때문이다.


현대카드는 비주얼 브랜딩에 성공한 사례다. 『토털임팩트의 현대카드 디자인 이야기』는 현대카드 디자인 프로젝트가 실제로 어떻게 진행되었는지 살펴보는 책이다. 오영식 디자이너와 그가 이끄는 토털임팩트는 현대카드 M 시리즈를 비롯한 다양한 카드 디자인과 전용 서체와 CI 개발 등 현대카드 디자인 프로젝트에서 핵심적인 역할을 수행했다.

모든 디자인 시안과 결과물에는 목적과 이유가 분명해야 하고 "Why?"라는 질문을 던질 때 답을 제시할 수 있어야 한다. "Why?"라는 질문에 답할 수 없는 디자인, 다시 말해 목적이 불분명한 디자인은 쓸모없는 장식일 뿐이다.

컨셉을 만들어 적용할 수 있는 능력, 이것이 디자인의 힘이다.

좋은 디자인은 좋은 글쓰기와도 비슷하다고 생각한다. 초기에는 많은 생각과 많은 내용이 담기지만 시간을 두고 숙성의 시간을 거치면 꼭 필요한 것만 남게 된다.

불필요한 것을 걸러내고 '왜 이런 형태가 왜 이 컬러가 나와야 하는가?'라는 근본적인 물음에 대해 스스로 답을 구하는 과정이 논리이다.

출처: 현대카드 홈페이지

나만의 브랜드로 꿈을 디자인하라

작은 브랜드는 대기업처럼 마케팅하는 것이 불가능하므로 매력적인 디자인과 사진으로 존재감을 드러내는 것이 중요하다.

유튜브 크리에이터 드로우앤드류가 참여한 복분자 발사믹은 패키지 개발부터 콘텐츠 영상 굿즈팝업스토어 모두 앤드류가 기획하고 디자인한 상품이다. MZ세대가 좋아하는 취향을 조사해 복복 캐릭터를 만들고 독특한 형태의 세기 본의 흐르는 특수발효가 아닌 세모난 모양의 토핑 특수발효를 만들었다. 브랜드 개발과정을 영상 콘텐츠로 소개하고 어떻게 요리해서 먹는지 다양한 연출을 하며 영상에 소개했다. 팝업스토어를 통해 직접 복부 발사믹을 먹어볼 뿐만 아니라 다양한 굿즈와 재밌는 공간을 팝업스토어로 만들어 하나의 즐거운 경험을 만들어주었다.

MZ세대들에게 친하지 않은 복분자 발사믹은 비주얼의 차별화와 드로우앤드류의 브랜딩 기획력이 만나 와디즈 펀딩을 통해 1억을 달성했다.

드로우앤드류 인스타그램

내가 향초 브랜드를 운영했을 때도 사진 한 장으로 공방으로 고객이 찾아오는 일, 온라인숍에서 제품이 팔리는 일은 다반사였다. 나는 제품을 판매할 때도 제품 자체의 기능보다는 비주얼적으로 감성을 전달하는 데 집중했다. 향초를 만들 때도 사람들의 마음을 움직일 수 있도록 섬세하게 컬러 한 방울까지도 계산하여 한끗 다른 감성을 만들어내기 위해 노력했다. 향을 직접 맡지 못하는 온라인 몰에서도 사람들은 사진 한 장의 비주얼로 향기를 상상할 수 있도록 상세페이지를 만들었다. 향을 직접 맡아야 하는 제품의 특성에도 사람들은 온라인으로도 구매가 많이 일어났다. 향 관련 제품들은 주로 선물을 하는 경우가 많아 패키지에도 차별화된 매력이 느껴지도록 만들었다.

오프라인으로 고객이 방문할 때도 인스타그램, 블로그에서 사진 한 장을 보고 오는 경우가 많았는데 사진 한 장이 고객을 불러오는 걸 알고 있었다. 다른 곳과 차별화하기 위해 한 장을 찍더라도 많은 공을 들였다. 대부분 나의 클래스를 찾아오는 분들은 차별화된 작품 사진 한 장, 패키지의 시각적인 부분이 마음에 들어 등록하는 경우였다. 그만큼 비주얼은 브

랜딩의 시작이라 끝이라고 해도 과언이 아닐 정도로 중요하다.

퍼스널브랜드로 1인기업 비즈니스를 하고자 하는 사람들은 비주얼 이미지가 비즈니스의 성패를 좌우할 정도로 중요하다. '더바디샵'의 창업가 아니타 로딕은 옷차림 때문에 초기 창업자금의 대출을 받는 데 어려움을 겪었다. 아이들을 데리고 대충 입은 옷으로 은행장을 만났을 때 대출이 거절되었지만 정장 차림을 하고 다시 은행장을 찾아갔을 때 대출이 바로 나왔다고 한다. 더바디샵은 복장규제가 자유로울 거 같지만 복장 규칙을 엄격히 한다. 아무리 능력이 뛰어난 사람이라도 사람들은 그 사람의 외모를 보고 판단한다. 모든 비즈니스에서 비주얼이 중요한 이유는 첫인상 3초에서 고객의 모든 판단이 끝나기 때문이다. 유튜브, 인스타그램, 쇼핑몰, 오프라인 매장 모두 우리는 3초 안에 그곳이 어떤 곳인지 판단을 끝내고 그곳을 방문할지 않을지 결정한다. 3초 안에 고객의 마음을 사로잡고 싶다면 우리 브랜드만의 비주얼을 어떻게 보여줄지부터 고민해보아야 한다.

# DESIGN
# A DREAM
## *with your*
# BRAND

*ch.3*

혼자서도 가능한
8가지 창업 아이템

DESIGN A DREAM *with your* BRAND

# 1.

## 향초를 만드는 공방창업

2014년 벌써, 9년 전이다. 디자이너라면 누구나 자신의 브랜드를 론칭하는 것을 꿈꿔볼 것이다. 20대부터 나만의 브랜드를 만들고 싶다는 생각을 하고 있었다. 회사생활에 흥미를 잃어갈 때 즈음 일본 유학에서 돌아온 언니는 주얼리 브랜드를 만들고 운영하는 모습을 옆에서 보면서 더 자극받았던 것 같다. 자신이 만든 주얼리로 온라인 쇼핑몰을 만들고 편집샵에 입점하고 백화점에서 팝업으로 판매하는 모습을 옆에서 지켜보면서 나도 해보고 싶다는 생각이 들었다. 나는 회사에 다니면서도 지금의 남편과 공방에서 작은 소가구를 만들면서 가구 창업을 생각했었다. 그 당시에는 자본도 그릇도 작았기에 가구라는 아이템을 창업하기에는 엄두가 나지 않아 쉽게 시작할 수 있는 아이템을 선택해야 했다. 대학생 때 교양수업으로 배웠던 패션 액세서리를 첫 아이템으로 시작했다. 이미, 언니가 주얼리 작가로 활동하고 있었고 가볍게 프리마켓에 나가 팔아보자는 마음이었기에 창업이 좀 더 쉽게 느껴졌는지도 모르겠다.

나는 6개월 동안 동대문종합시장을 매일 드나들며 재료를 선별하고, 만드는 즐거움에 푹 빠져들었다. 하지만 즐거움도 잠시, 프리마켓에 들고나가 판매를 시작하고 고객의 반응이 없자 흥미는 쉽게 사라져 버렸고 자본금이 많지 않았던 나는 다시 회사로 돌아가야 했다. 회사에 다니면서 창업 아이템을 계속 다시 생각했다.

그 당시, 향초 아이템이 외국에서 들어와 연예인들이 즐기는 아이템으로 주목받고 있었고, 향초 DIY 붐이 불기 시작했다. 쉽게 접근할 수 있었기에 나는 처음에 DIY 재료를 사다가 집에서 만들어보았다.

손으로 만드는 것은 무엇이든 좋아했고 향초는 향 자체로도 매력적이었지만, 공예와 디자인을 접목할 수 있는 내가 좋아하는 형태, 컬러, 향, 패키지 등의 요소들이 들어가 있었기에 쉽게 빠져들었다. 나는 향초, 디퓨저, 차량용 방향제를 만들어 패키지를 디자인해서 프리마켓에 바로 들고 나갔다. 당시에는 향초 시장이 지금처럼 크지 않았고, 기존의 향수향만 맡아본 사람들은 디퓨저의 독특한 향을 맡기만 해도 순간 반해버렸고, 줄을 서서 사 가곤 했다.

결혼 준비와 동시에 DIY 수준으로 만들던 향초를 공방에서 캔들 자격증과 천연화장품, 천연비누 자격증 과정을 취득했다. 다양한 캔들을 만들면서 이 일은 나의 천직이고 평생 즐겁게 할 수 있겠다는 확신이 들었다. 결혼이라는 안정감과 결혼자금으로 준비해 둔 창업자금도 있었기에 회사를 그만둘 수 있었다.

결혼과 동시에 신혼집 안방에 나의 작업실을 만들었다. 집이지만, 마치 매장처럼 나의 작업실을 꾸미는 일은 너무 즐거웠다. 패키지를 구상하고 사진을 찍고 블로그를 시작하고 온라인판매를 위해 입점했다. 첫 창업의 경험이라 모든 과정이 두려움 없이 설렘과 즐거움만으로 가득 찼다. 첫 작품으로 바다 캔들을 만들었다. 지금은 너무나 흔하게 바다 캔들이 시장에 널려 있지만, 그 당시에는 바다 캔들이 흔하지 않았다. 나는 에메랄드빛 바다 캔들을 만들고, 감성적인 문구와 네이밍, 사진을 찍어 상세페이지를 만들었다.

처음, 온라인입점숍에 바다 캔들 판매를 시작했는데 올리자마자 반응이 폭발적이었다. 초반에는 포장을 잘못해서 깨지기도 하고 실수도 많았다. 점차 노하우가 생기면서 좋아하는 일을 하며 돈도 벌 수 있는 일을 할 수 있다는 것에 큰 성취감을 느꼈다.

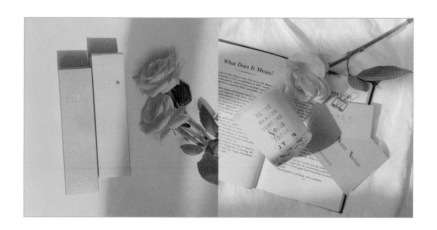

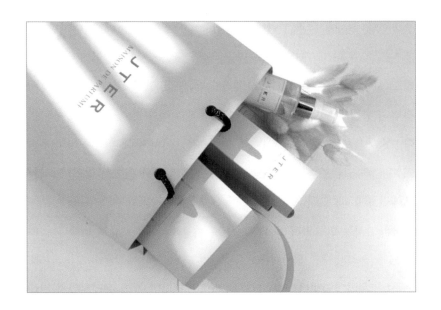

6개월 후 작업실을 구해야겠다는 생각에 무작정 나가 공방 자리를 알아보았다. 처음에는 책상 한자리 정도만 있으면 좋겠다는 생각이었는데, 15평의 작업실을 저렴한 임대조건으로 구할 수 있었다.

공방의 인테리어는 남편이 가구를 하고 있어서 쉽게 향초 진열대와 테이블을 제작할 수 있었다. 공방을 오픈하고 향초 원데이 클래스를 열었는데 처음에 와주었던 고객과 함께 서로 어색했지만, 예쁜 향초를 만들면서, 행복했던 표정의 고객이 기억이 난다.

향초를 만들러 오는 고객은 취미생활에 가깝기 때문에 마음이 여유로운 상태였다. 손으로 만드는 즐거움, 향이 주는 기분 좋음, 예쁘고 빠른 결과물로 나도 수강생도 만족할 수 있는 아이템이었다. 캔들 자격증 클래스를 오픈하고 여성분이 등록하셨는데 현금으로 150만 원을 가져오셨다. 처음으로 회사에서 받는 월급이 아닌 나 스스로 만든 월급을 받는 기분은 최고였다. 내가 좋아하는 일로 내 마음대로 돈도 벌 수 있다니 그 자체로 신이 났었다. 클래스와 온라인판매, 답례품 제작 등 향기 아이템 하나로 할 수 있는 일은 무궁무진했다. 그 즐거움도 2년 정도 지나자 경쟁업체도 많이 생기고 향초 시장이 커지면서 고민이 많아졌다. 차별화에 대한 고민, 홍보에 대한 고민, 미래에 대한 불안, 제작에 대한 고민, 진상고객 상대, 혼자 운영하는 어려움 등 처음에 순수했던 마음과 열정은 점점 사라지고 해결해야 하는 문제들이 속출했다. 그럼에도 계속 새로운 제품과 새로운 기획을 내 마음대로 할 수 있고, 곧바로 고객들의 반응을 확인할 수 있는 창업은 나에게 큰 성취감을 안겨주었다. 보통, 창업을 시작하면 6개월을 넘기지 못하고 포기하는 경우도 많고 5년을 버티면 성공한다는 말이 있다.

나는 5년 동안 버텨내고 인지도도 어느 정도 쌓여갔지만 순수한 마음으로 운영했던 터라 그다음 단계의 비전을 만들어내지 못하고 나는 임신과 함께 공방의 일을 내려놓게 되었다. 향이라는 직업의 특성상 머리가 너무 아팠고, 임신 후에는 향이 아이에게 좋지 않았기에 어쩔 수 없는 선택이었다. 아이를 낳고 100일 후에는 다시 공방 일을 복귀할 생각이었다. 야심차게 블로그에 다시 시작한다고 글도 올리고 SNS를 시작했지만, 육아는 그렇게 쉬운 일이 아니었다. 100일만 쉬고 복귀할 생각이었던 육아는 나에게 3년의 공백을 만들어주었다. 다시 이 일에 대한 예전의 열정을 유지할 수 없다고 생각해 완전히 내려놓게 되었다. 4년의 세월이 지났음에도 향초공방의 클래스 문의가 아직도 올 정도로 인기가 많았다.

지나고 보니 아쉬운 점들도 많다. 공방을 운영하는 분들을 보면 대부분 손으로 만드는 것을 좋아해서 계속 만들기만 한다. 10년이 지나도 작품은 거기서 거기로 만들 수 있는 종류만 늘어날 뿐이다. 아이템이 한 개뿐이라고 해도 남들이 따라올 수 없을 정도로 차별화를 시키는 것이 더 잘되는 일이라는 걸 지나고 보니 알 것 같다. 물론, 나도 방법을 몰라 많이 헤매기도 했다. 다른 공방이 이걸 하면 나도 해야 할 거 같아서 따라하기도 했다. 잘되는 공방을 보면 특허를 낼 수 있을 정도로 차별화된 레시피가 존재하고 계속 더 좋은 작품을 만들기 위해 연구할 뿐만 아니라 다른 공방과 차별화할 수 있는 브랜딩 홍보에도 뛰어나다.

내가 다시 공방을 운영하게 된다면, 모든 영역을 계속 발전시킬 것 같다. 레시피에 관한 연구, 제품에 관한 연구, 홍보, 이벤트에 관한 연구, 브랜드에 관한 연구, 물론 1인 10 역할을 해야 하는 공방장들은 너무나 바쁘다. 그럼에도 계속 좋아하는 일로 살아남기 위해서는 이런 노력들을 하지 않으면 도태될 수밖에 없을 것이다.

향이라는 아이템 자체는 계속 잘될 수밖에 없다. 시장이 포화상태라는 단점이 존재하지만, 집요한 제품연구와 차별화된 매력적인 브랜드를 만든다면 아직도 블루오션이 될 수 있다고 생각한다.

나는 작은 브랜드를 만들어본 경험으로 내가 좋아하는 일로 스스로 돈을 벌 수 있다는 자신감과 용기가 가장 큰 성장의 경험이었다. 앞으로 어떤 일을 하든 실패를 한다고 해도 언제라도 다시 시작할 수 있는 용기, 다시 회사에 들어가지 않아도 스스로 월급을 만들어낼 수 있다는 자신감, 내 브랜드를 홍보하는 방법 등 첫 향초 공방 창업은 나에게 많은 것을 경험하고 공부하게 해 주었다. 자신이 좋아하는 것 그 무엇이 되었든 그냥 한번 저질러보기를 권한다. 그것이 성공이든 실패든 나에게 큰 경험자산을 선물해 줄 것이고 그 다음 단계를 도약하게 해주는 밑거름이 되어줄 것이다.

# 2.

## 경험과 지식을 활용해
## 유튜브 크리에이터 되기

3년간의 육아로 다시 제2의 직업을 찾아야 했을 때 고민이 많았다. 육아와 병행해야 하는 상태에서 자신감도 많이 떨어졌고, 예전과 같이 필요하면 밤도 새우면서 하루 종일 일하는 방식을 지속할 수가 없었다. 육아 전처럼 다시 일을 시작하기만 하면, 열정만 있으면 뭐든 할 수 있을 거라고 생각했는데 나는 아이를 돌봐야 하는 엄마의 삶으로 인생이 180도 바뀌어 있었다. 집에서 부담 없이 할 수 있는 일을 찾아야 했고, 무자본 창업, 지식창업이 한창 인기 키워드로 유행할 시기였다.

육아를 하면서 내가 할 수 있는 최선의 일은 무엇일까? 유튜브는 시간과 장소에 자유로우면서도 내가 가진 지식과 경험을 나눌 수 있는 최적의 플랫폼이었다. 처음에는 콘텐츠에 대해 고민만 하다가 지금 바로 할 수 있는 육아 일상을 올리며 편집에 재미를 붙였다. 육아 일상 올리는 것에 흥미가 떨어지자 내가 잘하는 일을 공유해 보자는 생각으로 유튜브에 업로드하기 시작했다.

처음부터 완벽한 준비는 없었다. 장비에 대한 욕심은 부리지 않았고 나의 장점인 일단 시작한다의 실행력으로 당장 핸드폰 카메라부터 켜서 촬영을 시작했다. 어려운 동영상 편집프로그램이 아닌 핸드폰 어플 '블로'로 쉽게 편집했다. 나중에 '프리미어'라는 동영상 편집프로그램을 사용할 때도 그때그때 궁금한 것들은 즉시 검색해서 알아내며 천천히 배워나갔다. 마이크는 3~4만 원대의 핸드폰 전용 핀 마이크로도 충분히 음질이 괜찮았다.

많은 사람들이 유튜브를 해보고 싶지만 시작하지 못하는 이유는 얼굴 공개, 콘텐츠 고민, 장비 등의 이유가 있을 것이다. 얼굴 공개가 싫다면 편집을 잘하는 방법을 연구하면 된다. 콘텐츠는 지금 내가 할 수 있는 그것 중에 가장 쉬운 것을 선택해서 일단 찍어보고 편집해보는 것이 중요하다. 아무리 완벽한 준비를 하고 시작한다 해도 시장의 반응은 예측할 수 없다. 요즘은 많은 강의가 오픈되어 있어서 강의를 보면서 실행해보는 것도 좋지만, 나의 경우 강의를 많이 보면 볼수록 시작이 두려워지고 계속 완벽한 준비를 위해 시작을 미루게 되는 경우가 많았다. 전자이든 후자이든 자신이 가장 잘 맞는 방법으로 시작해보길 바란다. 모든 일이 큰 행운으로 한 번에 잘되면 좋지만 그런 경우는 드물다. 시행착오를 겪는 것은 성공으로 가는 당연한 과정이라는 것을 인정하면 시작하는 것이 덜 두려울 것이다.

디자이너의 정체성으로 15여 년간 살아온 내가 유튜브에서 카메라를 보고 말을 하는 일은 새로운 도전이었다. 유튜브에 적응하기까지는 1년의 시간이 걸렸지만, 그 과정에서 발전하는 나를 보는 게 괴롭고도 즐거웠다. 편집으로 인해 주변 가족과 지인들은 말을 왜 이렇게 잘하냐고 아나운서, 선생님 같다고 칭찬해주기도 했다. 편집만 잘하면 말을 못 하는 사람도 말을 잘하게 할 수 있는 게 편집의 힘이다. 아무도 없는 카메라에서 피드백 없이 혼자 말하는 영상 만드는 일은 시간이 지날수록 조금 지치는 일이기도 했다. 그럼에도 내가 아는 것들을 공유해서 누군가에게 도움을 주고 나의 성장 과정을 기록하는 것은 의미 있고 보람된 일이었다.

처음에는 육아 브이로그로 유튜브를 시작했지만 내가 창업한 경험을 바탕으로 브랜딩에 관련된 주제로 콘텐츠를 수정했다.

내가 좋아하는 일로 나의 월급을 만들고 싶었던 바람으로 시작한 브랜드 창업, 그 경험을 유튜브에 공유하자는 생각이 지식창업으로 또다시 연결되었다.

디자이너에서 창업을 통해 브랜딩이라는 영역으로 전문성을 키워나가야겠다는 커리어의 방향성이 또다시 생긴 것이다. SNS와 책 쓰기를 통해 계속 콘텐츠를 연구하고 공부하게 되고 내가 계속 성장하는 느낌이 좋다.

아직은 많은 구독자의 사랑을 받는 것은 아니지만 브랜딩이 필요한 사람들에게는 꼭 도움이 될 것이라고 확신한다. 처음에는 1명이라도 도움이 된다면 의미가 있다고 생각하고 시작했지만, 점점 조회 수와 구독자의 숫자에 흔들리게 되면서 업로드의 횟수가 줄어들게 되었다. 몇 시간을 들여 편집해서 올렸는데 조회 수도 거의 없으니 내 시간과 노력을 쏟아부어 이 일을 계속 지속해야 하나라는 고민도 들었다. 그럴 때는 다른 에너지가 높아지는 일에 집중하며 잠시 쉬어가기도 했다. 그럼 다시 유튜브를 찍고 싶어지는 의욕이 생기게 된다. 많은 사람들이 유튜브를 도전하지만 그만큼 포기가 빠른 것도 나의 노력 대비 성과가 느리기 때문일 것이다. 유튜브는 호흡을 길게 가져가야 한다. 적어도 3년을 보고 100개의 영상을 올리며 그 과정에서 내가 성장하고 있다는 것을 즐기며 가야 지치지 않는다.

유튜브 영상만 찍어 올려 애드센스 수익만 바라보면 너무 오래 걸린다. 유튜브를 브랜딩 수단으로 생각하고 수입을 만들 서비스를 따로 기획할 수 있어야 한다. 나에게 컨설팅 의뢰가 들어오는 경로를 물어보면 유튜브를 보고 블로그를 타고 더 자세히 살펴보다가 홈페이지로 넘어가 연락이 오는 경우가 많다.

이런 시스템을 만들 수 있어야 유튜브를 통한 수익구조가 만들어진다. 보상 없이 업로드만 하다 보면 결국 지치게 되어 있다. 영상으로 도움을 주되 수익이 될 수 있는 상품과 서비스를 반드시 기획해야 한다.

유튜브는 친근하고 솔직한 사람들이 인기가 있는 채널이기에 엄마들에게는 큰 기회이다. 아이들을 키우면서 자신의 커리어를 지속시킬 수 있다. 애드센스 광고 수입, 협찬 광고 수익, 강연수익, 출판인세, 굿즈판매, 방송출연료까지 작은 수익부터 큰 수익을 만들 수 있는 기회도 계속 만들어 나갈 수 있다. 아이를 보면서도 초기 자본금이 없이 시작할 수 있는 훌륭한 비즈니스 도구이다. 실패하더라도 리스크가 없다. 나의 성장에는 분명히 도움이 되니 실패하더라도 시도해 본 경험 자체가 성공이다. 진짜 실패는 시도조차 하지 않아 아무런 성장과 발전이 없는 상태이다.

유튜브의 알고리즘은 시청 시간과 조회 수, 좋아요, 댓글 등을 종합적으로 분석해서 이 영상을 다른 사람에게 노출할지 결정한다. 대부분 10분이 넘는 영상을 광고 수익을 위해 만들지만, 초보 유튜버는 수익보다 시청 시간의 지속성을 확보하기 위해 노력하는 것이 좋다. 5분 내외로 영상을 짧게 만들고 집중시키는 것이 중요하다. 최대한 끝까지 이어서 보게 하는 데 집중해야 한다. 유튜버들이 '좋아요, 구독, 댓글 눌러달라'고 하는 것은 자신의 영상을 더 많은 곳에 노출하게 만들기 위해서다.

시청자는 제목과 썸네일을 보고 1초 안에 이 영상을 볼지 말지 결정한다. 제목 안에 사람들의 궁금증을 유발하고, 검색했을 때 노출될 수 있는 키워드를 많이 포함해야 한다.

예를 들면, 명함 만드는 법이라는 내용의 영상을 올렸다면 '왕초보도 5분 만에 명함 만드는 법'이라고 적는다. 이 제목 안에 왕초보, 5분, 키워드를 통해 누구나 쉽게 명함을 빨리 만들 수 있다는 메시지와 타깃을 설정할 수 있다. 초보 유튜버가 상위 키워드로 노출되기는 어렵기 때문에 타깃을 좁히고 하위키워드를 노려서 좁힌 타깃에게 확실히 노출되도록 하는 전략이 필요하다.

유명한 유튜버 중에는 영상보다 썸네일에 시간을 종일 쓰는 분들도 많다고 한다. 썸네일은 가게를 들어가기 전에 간판이나 외관을 보고 그곳에 들어갈지 안 갈지를 결정하는 것과 같다. 인기 많은 영상을 통해 어떤 썸네일이 사람들의 이목을 끌어들이는지 연구해서 볼 필요가 있다. 잘된 썸네일을 그대로 따라 하기보다는 왜 그 썸네일에 사람들의 반응도가 높은지 이유를 알아내고 내 콘셉트에 맞게 썸네일을 각색하는 것이 중요하다. 이 썸네일 하면 이름을 보지 않고도 나라는 것을 알 수 있는 나만의 컬러나 폰트가 있는 것도 좋다. 편집에 들어가는 시간만큼 썸네일에도 시간과 노력을 들여야 시청자들의 클릭을 받을 확률이 높아진다.

유튜브는 직장처럼 시간에 구애받지 않고 내가 가진 콘텐츠를 마음껏 나눌 수 있다는 점과 한번 찍어두면 영원히 기록되어 누구에게나 도움을 줄 수 있고 나의 성장 과정을 기록하고 지켜볼 수 있다는 것도 큰 장점이다.

엄마들은 집에서 살림하며 아이를 키우다 보면 하루가 정신없이 지나간다. 자기를 돌볼 여유도 자기 계발할 시간도 커리어를 지켜내기도 쉽지 않다. 아직 남아 있는 꿈은 꿈틀거리는데 가족들에게 우선순위가 밀리면서 나도 없어지고 나의 일도 없어지며 우울증도 찾아오게 된다.

유튜브는 자존감을 챙기며 커리어를 이어 나갈 수 있는 도구이며 동시에 엄마의 삶도 충실히 함께해나갈 수 있는 장점이 있다. 육아와 살림을 하면서 유튜브는 버거운 일이기도 했지만 누군가가 나에게 댓글을 남겨주면 그날은 밤을 새워서라도 영상을 올렸다. 힘든 부분도 있지만 영상을 찍고 난 다음의 행복함과 만족감이 더 컸기에 계속할 수 있었다.

유튜브에 쌓인 영상과 콘텐츠는 나의 커리어를 계속 발전시켜 주며 이를 통해 많은 기회와 수익을 가져다준다. 유튜브는 엄마의 삶을 유지하면서도 내 안의 열정을 지속시킬 수 있는 나의 커리어의 방향성을 만들어주었다. 경력단절을 겪고 있는 엄마들에게 유튜브로 다시 시작해 보라고 권하고 싶다.

# 3.

## 내가 가진 콘텐츠로 강사 되기


    육아로 3년간 경제활동의 공백으로 소자본 창업도 부담스러웠고 무자본 창업으로 무엇을 할 수 있을까 고민했다. 유튜브 다음으로 온라인 유료 강의가 인기를 끌고 있는 시기이기도 했다. 내가 가진 콘텐츠로 강의를 만들어보자는 생각은 몇 년 전 브랜드 창업 클래스를 잠깐 운영했던 경험이 있었기 때문에 가능했다. 나의 콘텐츠를 찾아 과정에서 나는 20여 년간 내가 해왔던 일들을 적어보았다. 시각디자인, 산업 디자인, 가구 디자인, 색채학, VMD, 그래픽 프로그램, 브랜딩, SNS마케팅을 해왔었다는 사실이 떠올랐다.

    생각해 보니 나는 어른이 된 이후로 20여 년간 끊임없이 자기 계발을 해왔다. 늘 부족하다고 느끼며 강의를 찾아다니며 배우고, 책을 매일 읽으며 나를 발전시키려고 노력했다. 20대 초반에는 편입하기 위해 시각디자인, 컬러리스트 자격증을 따고 스케치를 배우고 3D 프로그램을 배우며 학교에 다시 들어가기 위한 교육을 받았다. 그 이후에도 계속 향초 공방에 필요한 향초 자격증, 천연화장품, 천연비누, 조향사 자격증을 취득하며 배움을 이어 나갔다. 육아 후에 다시 사회에 나가기 위해 온라인에서 브랜드 관련 강의를 전부 들었고, 오프라인으로는 유튜브 강의, 책 쓰기 코칭 등을 배우며 요즘 시대에 필요한 공부하기 위해 끊임없이 노력한 것들을 떠올려보았다.

'connecting the dots.' 스티브 잡스가 스탠퍼드대학교 졸업 연설에서 한 말이다. 점이 모여 선이 되듯이, 과거에 경험한 일들이 이어져 현재를 만들어간다는 의미다.

나만의 콘텐츠를 찾는 것이 어렵게 느껴진다면 우선 자신이 지금까지 배우거나 경험한 내용을 전부 적어보라. 그리고 그것을 취미, 일, 학습, 예술, 창작 등으로 나눠서 구분해 보라. 이 경험을 자신이 선택한 이유가 무엇인지 생각해 보라.

몇 년 전만 해도 무언가를 배우기 위해서는 학원이나 학교에 가야 했다. 지금 시대는 넘쳐나는 온라인 강의로 직접 실무를 경험하지 않아도 실무에서 뛰어난 능력을 갖춘 사람들의 온라인 강의를 쉽게 배울 수 있는 좋은 환경에 우리는 살고 있다. 늘, 배움에 목마르지만, 시간적 자유가 없는 엄마들에게는 온라인 강의가 제대로만 활용하면 얼마든지 새로운 시작을 할 수 있는 시대에 살고 있다. 하지만, 주변을 보면 그것을 활용하지 못하고 현실 탓만 하는 사람들이 참 많다.

이렇게 배움을 좋아하지만 내가 누군가를 가르치는 강사가 될 것이라고는 상상조차 해본 적이 없었다. 나의 꿈은 오롯이 나의 제품을 고객에게 사랑받을 수 있는 디자이너가 되는 것이었다. 내가 누군가를 가르치기 시작한 것은 향초 클래스를 운영하면서부터였다. 향초 창업 반을 운영했는데 그때도, 좋아하는 일을 돈을 받으며 할 수 있다는 사실이 즐거웠을 뿐 교육이라는 생각은 하지 않았다.

향초 공방을 운영했을 때 다른 공방과 차별점은 디자인을 전공해서 보통 공예만 공부한 사람들과는 차별화가 되었다는 것이다. 나는 작품을 잘 만들기도 했지만, 사진, 패키지, 공간 등 보통 공방과는 차별점이 존재했기에 많은 사람이 선택해서 찾아와 주었다.

그때, 브랜드디자인클래스를 운영한 적이 있었는데 논리적인 사고와 감성이 필요한 디자인 수업은 수강생들과 서로 에너지를 주고받으면서 좋은 결과물을 만드는 경험이었다. 본업이 너무 바빴기 때문에 그 수업은 길게 하지 못했지만 몇 년이 지난 뒤 내가 다시 사회로 나가려는 준비를 시작했을 때 큰 힌트가 되어주었다.

소자본 창업도 부담스러운 상태가 되었을 때 무자본 창업이 한창 이슈가 있었고, 많은 사람이 지식창업으로 온라인 강의가 유행하는 때이기도 했다. 내가 가진 경험과 지식을 유튜브를 먼저 시작했고, 그다음은 온라인과 오프라인에서 클래스를 진행하게 되었다.

오래 숙성된 와인이 더 비싸듯이 나의 경험과 지식은 5년의 숙성 과정을 거쳐 다시 세상에 나오게 되었다. 더 완벽해지면 시작해야겠다는 생각과 사람에 대한 두려움도 어느 정도 있었다.

처음에는 무료코칭을 하면서 상담하는 두려움이 없어졌고 고객들의 니즈를 더 많이 알게 되었다. 내가 누군가에게 도움이 될 수 있다는 것을 상담을 통해 확신할 수 있었기에 클래스를 오픈하는데 자신감을 가질 수 있었다. 클래스를 오픈하는 데는 스터디룸의 장소와 나의 지식 자본, 노트북이 전부였다. 브랜드, 창업, 디자인에 관한 생각과 공부, 홍보에 대한 고민을 오랫동안 해왔다. 수강생의 머릿속에 떠도는 막연한 생각들을 꺼내놓기만 하면 나는 바로 좋은 아이디어가 생각나고 그것을 현실화시킬 수 있는 능력이 있었다. 수강생이 내가 가르쳐준 것들을 실제로 적용하고, 내가 해주는 동기부여를 통해 표정이 달라지는 걸 보면 보람을 느낄 수 있는 일이었다.

가르치는 일이 생각보다 나에게 잘 맞는다는 걸 경험을 통해 깨닫게 되었다.

우연한 기회에 온라인 화상채팅 줌으로 블로그 디자인 강의하게 되었다. 블로그의 콘텐츠보다는 블로그 디자인만 수십 번 바꾸며 집착했었는데 강의가 들어오자 버려지는 시간은 없다는 생각이 들었다. 제안이 들어왔을 때 블로그 디자인할 자격이 되냐는 의심이 있었지만, 기회라고 생각하고 무조건 한다고 했다. 준비는 그다음부터다. 강의가 어려운 이유는 내가 실무를 잘하는 것과 그것을 가르치는 일은 별개이기 때문이다. 기회가 왔을 때 잡을 수 있는 것은 과거의 경험이 있기 때문이었다.

내가 향초 공방을 운영하면서 클래스를 5년 동안 해오면서 많은 수강생을 상대했었고 그 경험을 통해 누군가를 가르치는 보람을 알고 있었다.

누구나 자신만의 경험을 통해 콘텐츠를 가지고 있다. 그 콘텐츠를 강의로 만들어 포장만 할 수 있다면 집안 방구석에서도 돈을 만들어 낼 수 있는 세상이다.

특히, 나처럼 육아로 체력과 시간이 부족해진 엄마들은 온라인 강의 플랫폼 에듀캐스트, 클래스 101, 클래스유, 탈잉, 인프런, MKYU 등의 강의 플랫폼을 잘 활용해 보라. 나도 클래스101, 클래스유 온라인 강의에 도전할 생각이다.

온라인 강의 비즈니스의 장점은 무자본으로 시작할 수 있고, 뛰어난 재능과 능력이 없더라도 시작할 수 있다는 것이다. 이동제약이 없고 시간을 절약할 수 있는 온라인 강의는 계속 발전할 수밖에 없는 시장이다. 개인의 경험, 정보 지식이 돈이 되면서 콘텐츠를 가지고 생산하는 자와 콘텐츠를 소비하는 자로 양분화되었다.

요즘은 콘텐츠를 팔고 사는 '1인 크리에이터'의 시대다. 1인기업의 조건은 자신만의 고유한 콘셉트, 경험, 지식을 '차별화된 콘텐츠'로 만들 수 있는 능력이 있어야 한다. 사람들을 모으고 교류하며 자신의 콘텐츠를 '마케팅'할 수 있는 능력도 필수이다. 사람들의 고민과 문제를 해결해 줌으로써 그것을 비즈니스로 만들어 내는 과정이다.

강의로 성공하는 핵심은 '내가 어떻게 남에게 도움을 줄 수 있는가?' 이다. 문제해결 능력의 난이도에 따라 강사의 몸값은 달라질 것이다. 강사는 1인기업이라는 이름으로 스스로가 기업이자 대표가 되어야 한다. 이를 위해서는 자신의 의도나 메시지를 수강생에게 정확하게 어필할 수 있는 자신의 콘텐츠에 대한 확신이 있어야 한다. 스스로 배우고 나누려는 성장 마인드와 관계 맺기를 통해 함께 성장하는 것을 목표로 해야 한다. 다른 사람을 성공하게 만들어줘야 내가 성공할 수 있는 비즈니스 구조이다. 강사는 끊임없이 배우고 성장해야 강의 시장에서 살아남을 수 있을 것이다.

# 4.

## 라이프스타일을 파는
## 맞춤 가구점

나는 20대 초반에 세계적인 디자이너 카림 라시드를 보고 가구 디자인에 매료되어 산업디자인과에 다시 들어가 공부했다. 카림 라시드의 작품만 보고 가구디자이너를 꿈꿨지만, 그 꿈의 과정들을 설계해나갈 힘이 부족했던 것 같다. 차선책으로 VMD 디자인을 선택했었고 매장을 꾸미고 정리하는 가구와 집기를 디자인하는 것으로 가구디자이너의 꿈은 이루어졌다.

나는 어린 시절 정리하는 걸 좋아했다. 엄마의 화장대부터 부엌, 화장실까지 누가 시키지 않아도 집 안을 정리하는 일이 참 좋았다. 지저분한 집이 깨끗해지는 그 성취감이 좋았나 보다. 초등학생이 되자 부모님은 나의 책상을 처음 사주었는데 나는 그때 처음으로 내가 마음에 드는 책상을 골랐고, 언니는 부모님의 경제 사정에 맞는 책상을 골랐다고 했다. 나에게는 공부하기 위한 책상이 아니라 정리를 도와주는 책상이 생기던

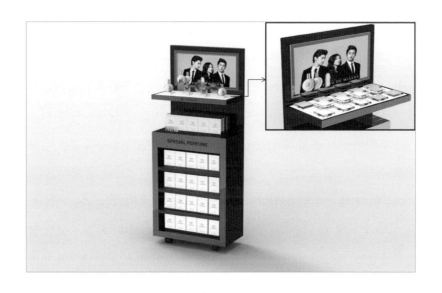

날 너무나 설레었다. 나는 책상 자체를 좋아했고 매일 서랍과 책장을 정리하는 것이 나의 즐거움이었다. 언니는 나의 책상 정리를 신기해하며 수시로 나의 책상 서랍을 구경했다. 그 안에 문구류 또한 내가 좋아하는 것이었다. 어린 시절부터 새로 받은 교과서, 필통, 가방, 펜, 지우개, 노트가 왜 그렇게 좋았는지 모른다. 중학생이 되자 아빠는 침대를 만들어주었다. 침대는 드라마나 공주의 방에서 볼 수 있는 나의 로망이었다. 처음으로 나의 방을 가지게 되고 침대와 책상이 있는 내 방이 생겼던 순간 정말 행복했던 기억이 난다. 나는 가구를 페인트로 칠하고 공간 배치를 수시로 바꾸며 나의 공간을 변신시키는 일이 좋았다. 그때는 그게 나의 재능인지도 몰랐다.

그 후 20대 초반에 코엑스 리빙페어에 갔다가 카림 라시드의 가구 디자인을 보고 내 꿈을 찾을 수 있었다. 산업디자인과에 들어가 공부한 후에도 20대 후반 마지막으로 배움에 투자해 보자는 생각으로 가구학원에 들어갔다. 이곳에서는 기초 스케치부터 디자인, 3D 그래픽 프로그램, 가구 제작 실습까지 커리큘럼이 다양했다. 짧은 시간이었지만, 내가 하고 싶은 디자인을 마음껏 해볼 수 있었고 늦게 꿈을 위한 공부가 얼마나 즐거운 것인지 느낄 수 있는 시간이었다. 이때 만났던 친구들은 모두 30대 초반부터 50대까지 다양했는데 각자 일을 열심히 해왔지만, 가구라는 꿈을 이루기 위해 제 일을 과감히 버리고 온 사람들이었다. 이들은 모두 열정적이었고, 자신이 하고 싶은 일에 도전한 것이기에 다들 즐거워 보였다.

어른이 되어서 다시 자신의 꿈을 찾아 도전한다는 것은 얼마나 큰 용기가 필요한 일인가? 나는 이곳에서 남편을 만났는데 남편은 토목설계로 직장을 다니다가 30대 초반의 나이에 가구로 진로를 바꿔보고자 온 것이다. 자기소개가 있었던 첫날, 가구회사 사장님이 되고 싶다고 하는 남편의 말에 나의 시선이 남편에게로 집중되었다. 우리는 수업이 끝난 후에도 가구 디자인 스터디를 하고 함께 하고 공방을 구해 1년이 넘는 시간 동안 가구를 만들며 만남을 이어갔다. 같은 꿈을 꾸고 어느 정도 취향이 비슷해서인지 우리는 남녀 간의 호감을 갖게 됐고, 스터디로 시작해 연애로 이어졌고 결국, 결혼하게 되었다.

가구공방 스터디

   남편은 10여 년간 시스템 부엌 가구회사에서 일하며 경력을 쌓았다. 가구회사 사장님이 되고 싶다고 자기소개했던 남편은 10년 후에 '퍼랩스'라는 가구회사를 창업하며 그 꿈을 현실로 만들었다.

   남편은 그동안 쌓아온 인맥과 실력으로 자리를 빠르게 잡았다. 3년 동안 백화점 매장의 상업 가구와 전원주택의 부엌시스템가구와 주문제작 가구의 프로젝트를 진행했다. 성장하는 모습을 옆에서 지켜보게 되었다. 가구 사업은 아름다운 조형물만 디자인하면 끝나는 일이 아니다. 고객의 요구를 들어주는 일부터, 가구 제작 공장과 조율하는 일, 시공을 감리하는 일, 추후 AS 관리, 마무리하고 최종적으로 입금받는 일까지 굉장히 까다롭고 예민한 일이다. 하지만, 자기 일에 대한 성취와 만족감이 크며, 자신의 노력만큼 돈을 벌 수 있는 것이 가구 창업의 장점이기도 하다. 남편이 직장을 다니면서 주말에 일하거나 야근하면 불만이 정말 많았는데, 자기 일을 시작하고부터는 주 7일을 일하면서도 불만이 없는 걸 보고 사장과 직장인의 차이를 알 수 있었다. 남편이 창업하는 동안 나는 육아를 하며 남편의 가구 홈페이지와 인스타그램, 블로그 운영을 도와주었다. 가구공장까지 오픈했지만, 아직은 공장을 운영하기에는 인력과 시간이 부족한 탓으로 다시 스튜디오로 이사하게 되었다.

퍼랩스 주문제작 가구

순수하게 만들고 싶은 가구는 우리 부부가 모든 현실적인 경제적, 시간적 자유가 주어질 60대쯤에 우리는 아마 순수하게 가구를 만들고 있지 않을까 하는 생각도 해본다. 최고의 창작물은 60대 후에야 나온다는 말이 있듯이 우리 부부 둘 다 각자의 자리에서 20년을 더 일하고 만든 가구는 더 정교하고 더 기품이 느껴지지 않을까?

우리는 서로 협력하며 일하지만, 함께 일하지는 않는다. 이 방식이 부부가 함께 일하면서도 서로 계속 좋은 관계를 유지하는 방법이라고 생각한다. 나는 디자인, 홍보 마케팅을 도와주고 남편은 실무를 하면서 서로 부딪히지 않게 일하는 방식으로 일에서 적당한 거리를 유지하는 게 좋다고 생각한다.

가구를 통해 우리 부부가 이루고 싶은 꿈들은 많다. 남편은 요리를 좋아하고 여자보다 더 섬세하고 디테일하다. 그래서 부엌 시스템 가구 일이 잘 맞는다. 나중에는 쇼룸 겸 스튜디오를 운영하면서 직접 부엌쇼룸에서 요리해주며 고객들에게 부엌 공간을 체험할 수 있도록 쇼룸을 오픈하는 것이 남편의 꿈이다.

우리나라의 디자인 수준은 점점 더 높아지는 추세다. 불과 10여 년 전만 해도 가구공방에서 DIY 정도의 수준으로 만들어진 가구들은 최근 리빙페어에 다녀와 보면 해외 디자인과 견주어도 모자라지 않을 정도로 수준이 높아졌다. 해외 디자이너 작품에만 열광하는 사람들의 의식을 국내 디자이너의 작품에도 가치를 느낄 수 있도록 한국의 디자인과 예술을 알릴 수 있는 쇼룸을 만드는 것도 꿈의 리스트에 넣어두기로 했다. 3,000평의 땅에 쇼룸과 카페, 우리 집을 짓는 꿈을 프린트 해서 남편의 방에 붙여주었다.

말도 안 되는 꿈이라고 할지라도 누군가는 이미 다 그 꿈들을 실현하고 있다. 지금 이 세상에 존재하는 것들은 모두 인간이 꿈을 꾸고 실현한 것들을 우리가 누리고 있다. 돈키호테의 시처럼 이룰 수 없는 꿈을 꾸고 이길 수 없는 적과 싸우며 견딜 수 없는 고통을 견디고 잡을 수 없는 저 하늘의 별을 잡자는 말을 오늘도 가슴에 새긴다.

# 5.

## 지속 가능한 커뮤니티 만들기

평생직장이라는 개념이 사라지고, '직'이 아닌 '업'의 시대에 들어선 지금 자기 계발에 매진하는 사람들이 많아졌다. 과거에는 스펙 쌓기 위주의 학원에 다니는 형태였다. 이제는 다양한 목적을 가지고 형성된 커뮤니티를 찾아서 성장하고 관계를 만드는 커뮤니티가 대세가 되었다. 2030 커리어 관리에 관심이 많은 여성의 경우 '헤이조이스', 3040 성장을 위한 자기 계발에 관심이 많은 엄마의 경우 MKYU의 '굿쩍월드', 3040 엄마들의 경제활동을 돕는 '플리크', 다양한 주제를 기반으로 그 분야에서 성공한 사람을 리더로 만들어진 독서 커뮤니티 '트레바리' 등 커뮤니티는 계속 만들어지고 있다.

아마존은 2013년 독서 플랫폼 굿리즈를 인수했고 스타벅스는 '마이스타벅스아이디' 커뮤니티를 통해 5년 동안 혁신적인 아이디어가 쏟아져 나왔다.

LG유플러스는 유아교육콘텐츠 'U+아이들 나라'를 론칭하면서 '유플 맘살롱'이라는 커뮤니티를 만들고 1년간 아이디어를 모아 실제 서비스에 반영되었다.

'오늘의 집'은 집 꾸미기 커뮤니티를 통해 성공한 사례이다. 고객들이 직접 자신의 집을 꾸민 사진을 올리는 온라인집들이 게시판이 존재한 다. 사진 안에 물건들을 클릭하면 어떤 제품인지 확인할 수 있고 구매하 게 되는 인테리어 쇼핑몰이다. 예쁜 남의 집을 온라인으로 구경하며 나 도 저렇게 꾸며보고 싶다는 욕구를 자극한다. '오늘의 집'에서는 인테리 어전문가가 아니더라도 사진만 보고 따라 해도 누구나 소액으로 나의 집 을 근사하게 꾸밀 수 있다는 욕구를 자극한다.

디지털 전환의 시대에 개인과 기업이 성공할 수 있는 가장 빠른 방법 은 커뮤니티에 있을지 모른다. 온라인을 기반으로 한 다양한 커뮤니티 기반의 서비스는 폭발적으로 늘어나고 있다.

IT 회사에서 브랜드 마케터로 일하는 '생각 노트'는 브랜드 및 트렌드 스토리를 홈페이지와 책 뉴스레터 등으로 전하며 12만 팔로워를 모았다.

학자금 대출을 갚기 위해 이슬아 작가는 '일간 이슬아'를 이메일로 발 행하는데 구독료는 월 1만 원으로 매달 20편의 글을 보내주는 서비스다. 개인임에도 불구하고 책을 출간해 10만 권 가까이 팔며 개인 이메일 서 비스 모델을 성공시킨 사례로 그 후 수많은 '일간 ○○○'가 등장했다. 이 사례를 통해 1인 창업을 통해서도 얼마든지 큰 성과를 만들어낼 수 있으며 커뮤니티로 성장시킬 수 있다는 것이 증명되었다.

작지만 독특한 가치를 만드는 작은 브랜드도 진정성 있는 스토리와 상품이 있다면 열혈 팬을 만들어갈 수 있는 시대이다.

나는 육아를 시작하면서 매일 책을 1권씩 읽으며 3년 동안 1000권 가까이 읽게 되었다. 20년 동안 독서를 해오긴 했지만, 육아를 하는 3년 동안 이렇게 책을 사랑하게 될 줄은 몰랐다. 매일 한 권의 책을 읽고 구매하며 책 덕후가 되었다. 모든 것이 디지털이 되어버린 요즘, 종이가 주는 아날로그적인 감성과 책 표지의 컬러와 폰트, 재질이 주는 촉감과 느낌, 책의 제목이 주는 위로와 동기부여, 책의 편집상태 등 내가 좋아하는 모든 요소가 책에 들어가 있었다. 성공한 사람들의 인생의 지혜를 1만 원대에 한 권의 책으로 전수한다는 것은 세상에서 가장 저렴한 수업료라고 생각한다.

혼자, 책을 읽고 기록하는 재미도 있지만, SNS에서 나와 같은 취향의 책을 읽는 사람들과 소통하는 일은 더 즐거웠고 그들에게 많은 영향을 받기도 했다.

독서 모임과 책을 읽는 사람들이 이렇게 많다는 것도 인스타그램을 하면서 알게 되었다. 나처럼 자기 삶을 변화시키고 싶은 자기 계발에 부지런한 사람들이 모여 있는 곳에서 함께 성장하는 독서 모임은 너무나 매력적이었고 독서 모임을 운영하는 사람들은 더 멋있어 보였다.

내가 좋아하는 책을 같은 취향의 사람들과 나누며 함께 성장하고 싶었다. 평생, 누군가가 하는 것에 돈을 내는 소비자의 삶, 리더가 아닌 구성

원이었던 삶을 바꿔보자는 생각에 나도 독서 모임을 만들어 보았다. 내가 주체하는 독서 모임과 참여하는 독서 모임은 완전히 다른 차별점을 갖는다. 독서 모임을 기획하면서 정말 많은 고민을 하게 되고, 그 안에서 주체자는 참여자보다 훨씬 더 많은 성장을 하게 된다. 나는 독서 모임을 통해 다시 사회에 나올 수 있는 자신감을 얻게 되었다. 내가 기획하고 사람들을 모집하고 소통하고 줌으로 토론하고 만나고 사람들을 만족시키는 과정은 사업의 과정과 비슷하기 때문이다. 그 많은 독서 모임 안에서 나를 내가 만든 독서 모임을 선택하게 만든다는 것은 쉽지 않은 일이다.

누군가 사회에 다시 나올 준비를 하고 있다면 나는 독서 모임을 먼저 운영해 보라고 권하고 싶다. 독서와 사람만큼 인생을 극적으로 바꿀 수 있는 자극제는 없다고 생각하기 때문이다.

잇북클럽 독서모임공간

잇북클럽 굿즈

'잇선'이라는 이름으로 제2의 인생을 살기로 마음먹고 독서 모임의 이름도 '잇북클럽'이라고 지어주니 더 특별하게 다가왔다. 독서 모임을 신청해 준 사람들도 잇북클럽 해시태그를 달아주며 독서 모임 인증해주니, 이 세상에 내가 하나의 생명을 잉태시켰다는 희열감까지 느껴졌다. 그렇게 시작한 작은 독서 모임 '잇북클럽'은 나에게 또 하나의 큰 꿈을 만들어 주었다. 잇북클럽은 소수의 작은 독서 모임으로 시작되었지만 나는 거기에서 희망을 보았고, 책과 사람이라는 커뮤니티 브랜드로 성장시키고 싶다는 꿈을 꾸게 되었다. 책 읽는 펭귄 캐릭터를 만들어서 굿즈를 만들고, 사람들에게 동기부여가 될만한 꿈 노트, 독서 노트 등 여러 가지 문구류도 제작하고 있다. 책 한 권을 통해 인생을 변화시킬 수 있도록 책 큐레이션을 하고 있다. 가장 아름다운 책을 만들고 싶은 욕망에 내가 책 쓰기를 완성하면, 직접 책을 만들어 출판도 해보고 싶다. 자신의 가치를 모르는 사람들에게 책 쓰기를 알려주고 출판을 도와주어 인생의 변화를 만들어 주는 일도 해보고 싶다. 잇북클럽을 통해 다양한 사람들과 커뮤니티를 만들고 그 안에서 서로 성장하고 응원할 것이다.

　작은 브랜드일수록 커뮤니티를 통해 작지만 의미 있는 가치를 만들어야 팬들이 모인다. 커뮤니티는 자본으로 플랫폼을 만들어서 운영하는 것으로 끝이 아니라 고객들과 소통하고 교류하는 온오프라인 행사를 통해서 그들의 마음을 사로잡아야만 지속할 수 있다.

# 6.

## 무재고 무자본으로
## 스마트스토어 창업

유튜버 신사임당으로부터 '스마트스토어로 월 1000 벌기' 열풍이 일어나면서 2021년 기준으로 스마트스토어의 수는 45만 개를 넘었다.

내가 스마트스토어를 시작한 건 2015년 향초 아이템을 판매하면서였다. 리빙원도, 텐바이텐, 아이디어스 등에서 베스트 10위 안에 들 정도로 판매가 잘되었다. 하지만, 수작업으로 하나부터 열까지 내 손이 가야 하는 온라인판매는 너무 힘들어 오래가지 못하고 문을 닫았다. 그 후로도 재고와 택배 배송이라는 고정관념이 생겨 온라인판매는 다시 시도할 생각도 안 하고 5년이 지났다. 독서 모임 잇북클럽을 운영하면서 결제 시스템이 필요할 때만 스마트스토어를 사용하고 있었는데 남편의 가구를 판매할 예정으로 스마트스토어를 다시 공부해야겠다는 생각으로 강의를 들었다.

스마트스토어의 운영 방식은 위탁판매, 구매 대행, 사입, 개인 브랜딩 제품 제조로 나뉜다. 나는 개인 브랜딩 제품 제조에만 관심이 있었기에 다른 판매방식에는 관심을 가져본 적이 없었다. 나는 나만의 브랜드를 만든다는 신념이 강했기 때문에 셀러, 위탁판매라는 키워드를 들어도 내 귀에 들어온 적이 없었다. 편집샵(종합쇼핑몰)을 해보고 싶다는 생각은 있었지만, 재고와 자본이 있어야 가능하다는 생각에 나중으로 미루자는 생각이었다.

스마트스토어 강의를 듣다 보니 무재고, 무자본으로 위탁판매가 가능하고 데이터를 기반으로 잘 나가는 상품들을 검색하고 판매하는 과정을 알게 되었다. 과거에는 내가 제품을 기획하고 제작해서 재고를 보유하고 포장해서 판매까지 전부 혼자서 처리했다. 세상에서 하나밖에 없는 제품이라는 자부심이 있기는 했지만 1인으로 운영하면서 결국 체력적 한계를 느끼고 포기하곤 했었다.

위탁판매는 훨씬 손품이 줄어들지만 셀러가 해야 하는 일보다 상품을 보는 눈과 시장조사, 상세페이지, 사진을 찍는 것, 마케팅, 스토리를 기획하는 법 이런 것들을 훨씬 더 잘해야 한다. 다행히 이런 일들은 내가 좋아하고 잘하는 일이었다. 위탁판매의 시작은 무재고, 무자본으로 시작할 수 있지만, 샘플 구매비와 광고비 촬영장소, 상세페이지 제작 등 소자본으로 들어갈 비용은 가지고 있어야 한다. 무자본으로 하려면 그만큼 손품이 많이 들어간다.

스마트스토어는 마음만 먹으면 바로 사업자 없이도 스토어를 바로 개설할 수 있을 정도로 쉽다. (단, 도매위탁 사이트에서는 사업자 등록자를 보내야만 승인해준다.) 이 말을 하는 이유는 일단, 해볼까 하는 생각이 들었을 때 바로 스토어를 개설하는 실행력이 가장 중요하다고 말하고 싶어서이다. 스마트스토어를 개설했다면 내가 어떤 카테고리의 (건강, 미용, 인테리어, 식품, 종합쇼핑몰) 상품을 판매할지 정한다. 네이버 데이터랩이나 판다랭크 등의 데이터사이트를 통해 내 상품을 시장조사하고 누구나 구매 욕구가 일어날 만큼 경쟁력이 있을지를 판단한다. 상품이 정해졌다면 그 상품을 판매할 만한 도매 몰 사이트를 검색(인테리어 소품도매) 하거나 직접 현장에 나가(도매시장, 박람회 등) 상품을 소싱해서 샘플을 가져온다. 직접 제품을 촬영한 다음 썸네일 사진을 만들고 캔바와 미리 캔버스 등을 통해 상세페이지를 제작한다.

같은 제품은 이미 시장에 많이 나와 있어서 썸네일과 상세페이지 네이밍에 최대한 심혈을 기울여 차별화를 시킨다. 처음부터 욕심을 부리지 말고 고객에게 사은품이나 쿠폰 등을 제공하면 좋은 리뷰로 이어질 가능성이 크다. 그럼 구매 전환율이 높아지고 상위에 노출되게 된다. 한 상품이 성공하게 되면 함께 구매할 수 있는 연관 상품을 출시한다. 판매가 일어나지 않는다면 방문자 수, 구매 전환율, 객단가 등을 분석하며 팔리지 않는 이유를 찾아 다시 시도해 본다.

스마트스토어는 이미 레드오션이 맞다. 위탁판매 또한 누구나 쉽게 할 수 있는 일이다. 그럼에도 추천하는 이유는 우리나라의 치킨 창업을 생각해 보면 이미 포화상태임에도 또 새로운 콘셉트의 치킨이 나오면 사람들은 열광하고 그중에 성공하는 사람이 있기 때문이다.

스마트스토어도 나만의 차별화 포인트를 만들고 신흥시장에서 트랜디한 키워드(비건, 제로 이스트 등)를 찾아 먼저 시장을 선점해 나가면 충분히 나의 샵을 브랜드화할 수 있기 때문이다. 〈한국브랜드마케팅연구소〉 박재현 대표님의 강의에서 짧지만 강렬한 메시지에 공감했다.

브랜드가 되는 3가지 방법은 첫째, 남과 다른 것을 팔아라! 둘째, 남과 다른 방식으로 팔아라! 셋째, 다른 생각으로 팔아라!

남과 다른 것을 팔 수 없다면 남과 다른 방식으로 판매하는 방법과 남과 다른 생각으로 팔 방법을 연구하면 스마트스토어에서 판매해도 브랜드가 될 수 있다고 생각한다. 예를 들어 같은 패브릭을 판매하지만 70년대 빈티지 감성의 소녀 취향이 담긴 패브릭을 셀렉하고 브랜딩할 수 있으면 남과 다른 방식으로 파는 방법이다.

위탁판매는 쉽게 시작할 수 있지만 남들과 같은 상품을 취급하기 때문에 차별화가 어렵고 마진이 적다는 단점이 존재한다. 위탁판매로 부담 없이 시작해서 성장을 만들어 낼 수 있다면 그다음은 남과 다른 것(제작)을 팔 생각으로 가는 것이 맞다고 생각한다.

스마트스토어는 레드오션이지만 아직, 기회와 가능성이 있는 것은 생각보다 제대로 잘하는 사람이 없다는 것이다. 누구나 한번 해볼까 하는 생각은 있지만 실행하는 사람은 드물고 하더라도 제대로 하는 사람이 없기 때문이다. 내가 스마트스토어 강의를 들었을 때 수강생이 50명이었는데 제대로 따라가는 사람은 5명 정도였다.

주변의 지인들에게 스마트스토어 위탁판매에 대해서 아무리 설명해도 그들은 별로 관심이 없었다. 누구나 자신이 절실하지 않거나 관심이 없으면 잘 듣지 않는다. 위탁판매를 하며 온라인시장을 살펴봐도 대부분은 도매사이트에서 그대로 복사 붙여 넣기 해서 가격경쟁으로 판매하는 사람들이 대부분이었다.

김승호 회장의 『사장학개론』에서 '경쟁자를 이기는 100% 방법은 끝까지 하는 것이다.'라고 했다. 우리가 만나는 경쟁자 중에 거의 90% 이상은 포기한다.

헬스장에 등록하고 대부분은 가지 않는다. 대부분은 운동이 아니라 운동했다는 위안을 받기 위해 온다. 그러니까 정말 운동하겠다고 덤비고 포기하지 않아도 100명 중 10% 안에는 들 수 있는 것이다.

사업을 해보고는 쉽지만 뭘 해야 할지 모르겠다는 분들은 스마트스토어를 운영해 보라고 말하고 싶다. 상품 소싱부터 마케팅, 디자인, 고객 응대, 회계 등 경영 전반에 관한 지식을 갖춰야 할 뿐만 아니라 수많은 시행착오에서 오는 실패를 통해 사업경영과 돈 버는 방법에 대해 배울 수 있기 때문이다.

쉽게 시작할 수는 있지만 단순하게 부업으로 생각하며 도전한다면 지속하기는 어렵다. 최소한 6개월은 하루의 대부분 시간을 투자할 의지가 있어야 한다. 스마트스토어에서 한 달 1억 정도의 매출을 내는 분을 만나 봤는데 일과 삶의 균형을 포기해야 할 정도로 고객 응대에 관한 부분에서 스트레스가 정말 커 보였다. 많은 돈을 벌기 위해서는 그만큼 희생할 각오를 해야 한다.

드라마 〈미생〉에서 오상식 차장이 장그래에게 건네는 조언 "여기까지 왔으니 버텨봐라. 여긴 버티는 자가 이기는 거야."

스마트스토어의 장점은 시간이 갈수록 나의 시간과 손품이 줄어든다는 것이다. 한번 리뷰가 쌓이기 시작하면 계속 판매가 이루어지기 때문이다.

상품을 보는 안목만 있다면 누구나 시작할 수 있는 위탁판매 쇼핑몰 위험부담이 없으므로 스마트스토어로 창업을 도전해 보자.

# 7.

## 나만의 감성을 담은
## 패브릭 아이템 창업

보기만 해도 기분이 좋아지는 패브릭은 내가 입는 옷부터 집안 곳곳의 스타일링을 나만의 감성으로 표현할 수 있는 좋은 아이템이다. 나는 20대에 패션학원에서 치마부터 코트까지 직접 만들어본 경험이 있었고 동대문 시장에 가서 원단을 고르는 일이 즐거웠다. 일로 연결되지는 않았지만 패브릭은 계속 내 마음을 끌어당겼다. 첫 번째 창업 아이템 패션 액세서리와 함께 헤어밴드와 리본 핀을 만들었다. 패브릭을 동대문 원단 시장에서 구매해 직접 미싱으로 만들어 판매하기도 했다. 색감이 예쁜 패브릭은 내 마음을 사로잡았고 원단만 보면 무언가를 만들고 싶은 창작 욕구가 몰려왔다.

임신하고 '심플소잉'이라는 홈패션 미싱공방에 다니며 곧 태어날 아기를 위해 아기의 배냇저고리부터 베개, 턱받이, 이불까지 전부 만들기도 했다. 배울수록 패브릭의 종류가 끝이 없었고 그 아름다움에 매료되어 원단을 정말 많이 구매했다. 인터넷으로도 감성을 자극하는 원단이 많아서 굳이 동대문 종합시장에 가지 않아도 예쁜 원단을 쉽게 구할 수 있었다. 나는 또다시 일을 벌일 생각이 들었다. 이렇게 예쁜 원단이 많은데 뭐라도 만들어서 팔아보자는 생각이 들었다.

과거에 파우치를 동대문종합시장 지하에서 재봉을 맡겨 100장 제작한 적이 있었다. 높은 단가로 모두 재고가 되어 선물로 주변에 나눠줄 수밖에 없었지만 남의 손을 빌려 제작한다는 것의 장점을 알고 있기도 했다. 패브릭을 제작을 다시 하게 되었을 때 100장의 재고도 부담스러웠기 때문에 나는 미싱공방을 통해 재봉을 해주는 분을 소개받았다. 자신의 패브릭도 판매하면서 제작도 받아서 해주는 분이어서 소량 제작이 가능했다. 내 감성을 자극하는 패브릭원단을 골라 잘 어울리는 부자재를 고른 후 완성되는 패브릭은 너무나 사랑스러웠다.

패브릭이 완성되고 사진을 촬영하고 상세페이지를 만드는 것까지도 창조의 과정이기 때문에 즐겁게 완성했지만, 육아를 시작하며 판매를 본격적으로 해보지 못하고 일은 마무리되었다. 자연스럽게 패브릭 판매는 에피소드로 끝나고 말았다.

모든 타이밍이 중요한데 그때의 열정과 나의 환경이 같이 맞아떨어져야 일이 지속된다는 점도 알게 되었다. 그래서 잘 이루어지지 않는 일은 다음 기회에 또 다른 기회로 연결되거나 한순간의 열정으로 끝났다고 해도 미련은 없다. 해보고 싶은 일은 꼭 해 봐야 하는데 그래야 미련이 안 남기 때문이다. 끝났다고 해도 다음 사업에 영향을 주어 도움이 되기 때문에 실패한다고 해도 어떤 일이든 도전해 보는 게 중요하다고 생각한다.

패브릭 창업은 시시하게 끝이 났지만 제2의 직업을 고민하는 여자들에게 추천하고 싶은 아이템이다. 패브릭으로 성공한 창업사례는 무수히 많고 누구나 쉽게 접근할 수 있고 자신만의 감성과 센스가 있다면 도전할 만한 아이템이다.

패브릭 하면 생각나는 핀란드의 대표적인 브랜드 마리메코는 1950년대의 여성들의 개성을 표현하기 위해 강렬한 컬러와 추상적인 패턴을 가진 드레스를 만들기 시작했다. "나는 옷을 판매하는 것이 아니라 삶의 방식을 판매한다."라는 말로 유명한 창업가 아르미 라티아는 1979년 세상을 떠났지만, 마리메코의 패턴은 오랜 역사 동안 소중한 유산으로 계속 만들어지고 있다. 마리메코를 대표하는 패턴인 우니꼬패턴은 어린아이가 그린 것처럼 단순하고 과장되게 표현된 양귀비 패턴으로 1964년에 탄생하여 지금까지 마리메코하면 가장 먼저 떠오르는 패턴으로 오랫동안 사랑받고 있다.

마리메코 우니꼬쿠션

우니꼬앞치마

핀란드에 마리메코, 일본에 미나페르호넨, 한국에는 키티버니포니가 있다. 2008년에 처음 시작한 이 브랜드는 대구에서 자수 공장을 운영하던 아버지의 사업을 디자이너인 딸이 이어받아 촌스러운 꽃무늬를 과감히 버리고 토끼, 북극곰, 올빼미 등의 동물들을 그래픽 감각이 묻어나는 직물 브랜드 '키티버니포니'로 재탄생 시켰다.

광고 없이 인테리어에 관심많은 젊은 여성들 사이에서 리빙 잡지를 통한 입소문이 한몫했다. 쿠션을 만든 후 남은 원단이 아까워 제작한 작은 파우치가 소비 심리의 틈새를 파고들어 지금의 성공을 만들어냈다. 파우치의 가격은 고작 3,500원이었다.

동물 형태의 쿠션은 외국에도 많지만, 대다수가 프린트처럼 손쉬운 전사 방법을 쓰는 것과 달리 자수 바느질로 섬세하게 구현한 패브릭은 그 자체로 차별화하기에 충분했다.

쿠션뿐만 아니라 냄비 받침, 스카프, 돗자리 등 판매 아이템을 지속해서 늘려나갔다. 자체 홈페이지의 매출이 70%를 차지할 만큼 자체 몰 고객 회원 수만 1만 2,000명을 넘었다.

10년의 패턴을 정리한 『키티버니포니』 패턴 책을 출판했고 10여 년 동안 패턴 하나하나가 만들어진 계기와 영감을 준 대상, 제작과 공정의 어려움 등의 비하인드 스토리를 담았다.

원단 가게 '키티버니포니 패브릭스'를 오픈했고 '스튜디오 kbp'라는 이름으로 실험적인 작업을 하거나 다른 브랜드와 협업을 진행한다.

키티버니포니 이후로 수많은 패브릭 브랜드가 탄생했고 성공한 사례도 무수히 많다.

패브릭은 사람들의 감성을 자극하고 가벼운 가격으로 쉽게 기분을 바꿀 수 있는 패션, 인테리어 아이템이기에 많은 사랑을 받는다.

키티버니포니 파우치

여행의 향수를 자극하는 패브릭 포스터를 만들어 판매하는 '슬립타이트오브젝트'는 여행지에서 본 자연의 모습을 담아낸 패브릭 포스터로 창업 1년 만에 1억 원의 매출을 달성했고 계속 성장하고 있다. 무작정 떠난 여행지에서 본 다양한 자연의 모습 나무가 바람에 흔들리는 모습, 바다에서 파도를 기다리는 서퍼, 햇빛에 반사된 물결이나 파도가 패브릭 포스터, 러그 등으로 만들어진다. 글쓰기 교사, 연구원이었던 대표와 사진을 촬영해 온 사진작가 2명이 창업한 이 브랜드는 여행에서 느꼈던 안정감, 따뜻함, 평온함을 일상에도 녹아들게 할 수 있는 방법이 없을까 고민한 끝에 지금의 브랜드를 창업하게 되었다고 한다.

가장 인기 있는 아이템은 푸른 초원을 걷는 사람들의 모습을 담은 '워킹피플' 시리즈이다. 규칙적이지 못한 프리랜서 생활하면서 힘들었던 시간을 달랠 수 있는 가장 마음 편한 공간이 버드나무가 있는 숲속이었는데 이런 감성을 좋아해 주는 고객들 덕분에 주문량이 대폭 늘어났다고 한다. 고객들은 자신의 인스타그램이나 '오늘의 집' 같은 커뮤니티에 슬립타이트오브젝트의 제품 사진을 공유하고 있다.

패브릭브랜드도 단순히 패브릭을 팔겠다는 생각을 넘어서 하나의 메시지를 담을 수 있어야 고객의 감성을 자극하고 사랑받을 수 있으며 시장에서 차별화가 된다.

'슬립타이트오브젝트'는 '누군가의 하루에 온전히 함께하며 위로를 전하는 브랜드가 되고 싶다'는 night night, sleep tight라는 슬로건을 통해 편안한 밤을 만들어준다는 위로를 전하는 메시지를 담고 있다.

패브릭 한 장에도 감성과 메시지를 담을 수 있다면 사람들의 마음을 사로잡는 브랜드가 될 수 있다. 패브릭은 어디에서나 살 수 있지만 당신만의 감성을 담은 패브릭은 당신만이 만들 수 있기에 패브릭 창업의 성공 가능성은 언제든지 열려 있다.

# 8.

## 쉽게 시작하는 패션 아이템 창업

어릴 때부터 누가 "장래 희망이 뭐야?"라고 물어보면 나도 모르게 패션 디자이너라고 대답하곤 했다. 초등학교 시절부터 옷에 관심이 많았고, 댄스 장기자랑에 나가서 입을 옷을 직접 사러 다녔다. 공부를 잘하는 친구보다 옷을 잘 입는 친구를 부러워했고 TV에 나오는 가수들의 의상은 나의 동경의 대상이었다. 꿈을 이루기 위해 무엇을 해야 하는지 알 수 없었기에 나는 아무 목표 없이 10대 시절을 보냈다. 20살 대학교 전공을 패션디자인과를 지원하기도 했지만 떨어진 후 큰 미련을 갖지 않았었다. 회사에 다니면서도 막연하게 패션디자인 유학을 꿈꿔보기도 했지만 내가 들인 노력은 겨우 패션학원을 몇 개월 다닌 것뿐이었다. 스포츠 댄스 의상을 만드는 회사에 취직하기도 했다. 디자인을 실장님 몰래, 스케치하고 공장에 발주를 넣고 나왔을 때 희열감을 느끼곤 했지만, 내가 할 수 있는 일은 오는 매장에 오는 손님을 상대하는 것이 전부였다.

가구 디자인이라는 제2의 꿈이 생겼을 때 카림 라시드의 가구뿐만 아니라 그가 입고 있던 핑크색 정장과 아우라에 반한 것도 한몫했었다. 나는 늘, 멋진 의상을 입은 사람들에게 끌린다. 산업디자인과에 편입한 후에도 패션디자인에 미련이 남아 패션 액세서리 수업을 들으며 주얼리를 만들었다. 이때의 경험으로 나는 첫 창업 아이템으로 패션 액세서리를 선택했다. 동대문 종합시장에 나가 재료를 사는 것부터 만드는 것까지 너무 재미있었다. 좋아하는 색상과 재료들을 조합하는 일, 옷에 맞게 코디하는 일은 나에게 잘 맞는 일이었지만 그것을 비즈니스로 연결하기에는 부족함이 많았다. 처음으로 내가 만든 패션 액세서리를 가지고 프리마켓에 나갔는데 그 시장과 내 주얼리는 맞지 않았다. 프리마켓에서는 가볍게 살 수 있는 만 원대의 액세서리들이 잘 팔렸고 나는 시장조사를 하지 않고 무작정 내가 좋아하는 취향으로 비싼 재료로 만든 주얼리는 프리마켓과 어울리지 않았다. 처음 내가 만든 물건을 팔아보는 경험이었는데 고객의 반응이 없자 나는 이유도 모른 채 실망하고 그 일을 그만두게 되었다.

요즘은 신상마켓 같은 도매어플로도 주얼리사업이 쉬우므로 열정만 있다면 충분히 도전해 볼 만하다고 생각한다. 단, 내가 쉽다고 생각하는 일은 남들도 쉬우므로 브랜딩 전략이 꼭 필요하다. 같은 주얼리라도 나만의 스타일로 재해석해서 보여줘야만 고객들은 특별함을 느낄 것이다. 그것이 사진이 되었든 패키지가 되었든 주인장의 태도와 말투가 되었던 남들과 차별화된 스타일과 콘셉트가 꼭 필요하다.

10대~20대는 노력하지 않아도 날씬한 몸을 유지했었다. 자주 움직이고 먹는 것에도 크게 관심이 없었고 체질적으로도 많이 먹어도 살찌는 몸이 아니었다. 아무 옷이나 사 입어도 예쁜 나이였다. 20대에 제일 예뻤을 때는 왜 패션쇼핑몰을 하던 사람들은 부러워만 했을까? 생각해 보면 주변의 친구들은 모두 취업하고 있었고 나도 그 환경에 흡수되었던 거 같다. 당연히 대학을 졸업하면 좋은 회사에 취직하는 것이 인생의 순서라고 생각했었다.

30대가 지나고 아이를 낳고 통통한 몸이 되어서야 어릴 적 꿈이었던 패션쇼핑몰을 해보지 않으면 내 인생에서 후회할 것 같다는 생각이 들었다.

'스타일 난다' 같은 쇼핑몰을 동경했었고, 예쁜 쇼핑몰 언니들의 패션은 늘 나의 관심 대상이었다. 시간이 날 때마다 동대문 도매시장으로 시장조사를 다녔다. 신상마켓이라는 도매어플로 쉽게 사업을 할 수 있다는 사실을 알게 되면서 입고 싶었던 옷들을 마구 사입하기 시작했다. 임신으로 못 입었던 옷에 대한 갈망이 패션쇼핑몰을 한다는 합리화를 만들어 내가 입고 싶은 옷들을 마음껏 사입했다. 그저 입고 싶은 옷을 입는 데 합리화를 시키고 싶었을 뿐, 패션쇼핑몰을 운영할 각오는 되어 있지 않았던 거 같다. 모든 사업이 그렇듯이 옷이 좋은 것과 옷을 파는 것은 전혀 다른 문제다. 그럼에도 나는 어린 시절부터 갈망해 온 패션쇼핑몰을 해보지 않으면 평생, 마음속에 간직만 하고 있을 거 같아, 일단 저질러보기로 한 것이다.

옷을 사입하고, 내가 직접 모델이 되기로 했다. 10~20대 시절에는 몸

짱이라는 말을 들을 정도로 날씬했기에 내 안에는 난 언제든지 날씬해질 수 있다는 희망을 가지고 있었고 패션쇼핑몰 모델을 해보고 싶은 마음도 사실 내 안에 들어 있었다.

외모가 예쁘지 않아도 자기가 입고 싶은 옷을 마음껏 입으며 인스타그램에서 판매하는 셀러들을 보며 자신감을 얻기도 했다. 사진을 찍어줄 포토그래퍼가 필요했는데 네이버 쇼핑몰 카페에서 나 같은 사람을 찾아 서로 사진을 찍어주기로 했다.

예쁜 카페에서 만나, 서로 사진을 찍어주는 목적만 가지고 만나니 너무 재미있었다. 결혼하고는 내 사진을 찍는 경우가 거의 없었는데 생각해 보니 나는 어린 시절부터 사진 찍히는 걸 좋아했었다. 은연중에 쇼핑몰 모델들은 내가 동경하던 대상이었고 나는 그 꿈을 아이를 낳고서야 이룬 것이나 마찬가지였다.


한 다큐멘터리에서 김태연 회장의 삶을 볼 일이 있었는데 미국에서 성공한 그녀는 자신을 꾸미는 것을 비즈니스에서 가장 중요하게 생각하는 거 같았다. 만나는 클라이언트의 특성에 따라 가장 화려하게 자신의 모습을 브랜드화시키며, 만나는 사람들에게 강한 에너지와 동기부여, 이미지를 남기는 걸 비즈니스 무기로 활용하는 걸로 보였다. 자신이 입은 파티 의상을 브랜드로 만들어 상류층들에게 판매하며 그 수익금을 사회에 전부 환원하는 모습을 보면서 그녀가 너무 멋있었고 그녀를 따라 하고 싶다는 생각이 들었다.

패션은 아직 나에게 남아 있는 꿈이다. 패션은 늘 나의 선망의 대상이었지만 꿈의 우선순위에서 밀려나곤 했다. 패션은 최고의 예술이라고 생각한다. 젊을 때 이 꿈을 이루지 못한 이유는 내 열정과 의지에 대한 확신이 없었기 때문일 것이다. 60세 이후에 패션디자인과에 입학해 4년 동안 공부한 우리 어머니처럼 나의 열정도 나이가 들어서 계속된다면 패션이라는 예술에 흠뻑 빠져보고 싶은 꿈이 남아 있다. 꿈이 남아 있다는 것 자체로 나는 설렌다.

# DESIGN
# A DREAM
## *with your*
# BRAND

*ch.4*

자발적 열성고객을 확보하는
8가지 홍보전략

DESIGN A DREAM *with your* BRAND

# 1.

## 평범한 일상을
## 특별한 콘텐츠로 만드는 SNS전략

평범한 주부가 일상에서 쉽게 콘텐츠를 만드는 방법은 어떤 것이 있을까?

많은 분들이 인스타그램을 포함한 SNS에 어떤 콘텐츠를 올려야 하고 어떤 목적을 가지고 해야 하는지 어려워한다. 콘텐츠를 세 가지 방향으로 생각하면 쉽게 방향을 잡을 수 있다. 바로 전문성, 정감성, 공감성이다. 전문성은 신뢰를 얻기 위함이고, 정감성은 재미와 사랑을, 공감성은 존중을 끌어내기 위함이다.

나의 전문성을 보여주기 위해 브랜딩에 관련된 내용을 블로그에 글로 올린 뒤 캔바를 사용해 카드 뉴스로 만들어 인스타그램에 올린 후 이 내용을 대본으로 만들어 영상 촬영하고 유튜브에 올린다. 한 가지 주제로 글을 쓰고 글을 요약하여 카드 뉴스를 만들고 글을 대본으로 바꿔 영상으로 올리면 인스타, 블로그, 유튜브의 콘텐츠를 모두 만들 수 있다.

정감성을 담을 수 있는 평범한 일상을 공유하는 것도 SNS의 특징이다. SNS는 일상을 공유함으로써 함께 공감하고 소통하는 문화를 가지고 있기에 잠재고객과의 관계를 만들어 나가는데 유리하다.

나는 여러 개의 인스타그램 계정이 있다. 처음에는 육아, 책, 브랜딩, 일상 등 좋아하는 것들을 한꺼번에 다 기록했다. 내 계정이지만, 목적이 뚜렷해지면 계정을 한 가지 주제로 정리해야 보는 사람들의 집중도와 공감을 받을 수 있다.

육아, 책, 브랜딩 콘텐츠, 포트폴리오 계정이 있다. 처음에는 다 같이 올렸지만, 이제는 한 가지 주제로 모두 나눠서 운영한다. 계정을 여러 개 운영하면 지속하기가 어렵다. 그래서, 퍼스널 계정을 주로 정하고 나머지 계정은 개인적으로 기록하는 용도로 사용하고 있다.

최대한 자신의 장점과 강조하고 싶은 부분을 전략적으로 고민해 본 후 1~3가지 콘텐츠를 지속해서 보여주어야 한다. 요즘은 1가지 콘텐츠로 디테일한 차별점을 만들어내야 잘되는 추세이다. SNS에서도 경쟁이 치열해지면서 자신만의 분야를 좁히고 디테일을 만들어 차별화를 만들어야 한다.

퍼스널 계정에서는 브랜딩에 관련된 콘텐츠를 캔바로 편집하여 릴스 형태로 내보내고 있다. 전문성과 공감성을 고려해서 콘텐츠를 만든다. SNS는 논문이나 책처럼 어려운 내용을 좋아하지 않는다. 정보를 제공하지만 최대한 이해하고 싶고 친근하고 재미있게 풀어내야 공감받기 쉬워진다. 그리고, 자신의 스토리나 생각이 반드시 들어가야 한다. 나의 이야기를 풀어놓았을 때는 단순히 지식만 나열한 것보다 반응 온도가 다르다. 공감받을 수 있는 나의 진정성 있는 스토리가 콘텐츠 안에 녹아 있어야 반응이 온다. SNS를 단순 기록하는 용도로 사용하는 게 아니라면 항상 보는 사람들의 심리를 의식하며 글을 써야 한다. 수많은 콘텐츠에서 내 콘텐츠에 스크롤을 멈추게 만들려면 비주얼적인 요소와 썸네일 제목도 많이 고민해서 올려야 한다. 일단, 선택을 받아야 하는 게 먼저다.

독서 계정에서는 좋아하는 책 속의 공감 가는 문장을 발견하면 나만의 피드 스타일로 꾸며 공유한다. 책 속의 문장을 가져오지만, 나만의 생각을 함께 담는 것이 좋다. 팔로워에게 '저 사람은 책을 많이 읽고 어떤 책을 읽고 어떤 생각하는구나!' 나랑 비슷하다는 공감성을 갖게 해주며 나와 결이 맞는 팔로워를 모을 수 있다.

전문성만을 보여주기 위한 포트폴리오를 나열한다면 일은 들어올 수 있겠지만 SNS의 특징인 감성과 공감을 자극하기에는 부족하다. 2개의 계정관리가 가능한 시간적 여유가 있다면 퍼스널브랜딩을 위한 계정과 오피셜 계정을 따로 운영해도 좋다.

남편과 함께 운영하는 퍼랩스 가구 계정에서는 퍼랩스가 만들어낸 공간의 가구를 보여주는 게 주목적이지만, 박 대표라는 네이밍을 만들어 대표의 캐릭터를 함께 보여준다. 일도 잘하지만, 집에서도 따뜻한 아빠의 일상을 함께 보여주면 이는 친근함과 공감을 불러일으켜 자연스럽게 처음 고객과 만났을 때도 거리감 없이 친근감을 느끼게 되는 경우가 많았다.

게시물 50개로 17만 팔로워를 모은 '토닥 테이블'님을 만나 이야기를 들어보았다. 언뜻 보면 누구나 쉽게 집에서 만들 수 있는 요리 콘텐츠인데 릴스 조회 수는 500만을 넘는다. 어떻게 단기간에 50개의 게시물로 17만 팔로워를 모았냐고 물어보았다. 다른 요리 계정을 분석해 보며 요리환경이 너무 비현실적이고 요리는 어려우며 음성이 없다는 점을 찾아냈다고 한다. 자신의 장점인 좋은 목소리를 활용해서 요시 레시피를 녹음했다. 화려하지 않지만, 현실적인 그릇과 테이블로 공감을 불러왔다. 누구나 쉽게 따라 할 수 있으면서도 맛있는 요리레시피를 만들었다. 컷 편집 없이 영상을 보면 그대로 따라 할 수 있게 만들었다고 한다. 별것 아닌 것 같지만 작은 차이가 큰 효과를 가져온다는 걸 알 수 있었다.

인스타그램은 감성을 가장 자극하기 좋은 도구이지만 감성만 있어서는 안 된다. 예전에는 감성만으로도 많은 팔로워를 확보할 수 있었지만, 지금은 그것만으로는 부족하다. 고객에게 원하는 목적을 감성적으로 끌어내려면 치밀한 전략이 필요하다. 자신이 좋아하는 인스타그램의 인플루언서를 분석해봐도 좋다. 자신이 목표한 분야에서 잘하고 있는 3명을 분석해보는 것도 도움이 된다. 그들이 올리는 사진과 글 소통 방법 비즈니스 등을 꼼꼼하게 분석해 본다.

'내가 그 콘텐츠를 소비하는 이유는 무엇인가?'에 대한 답을 해보고 내가 콘텐츠를 발행하는 목적이 뚜렷해야 한다. 사람들에게 흥미, 감성, 정보, 공감을 줄 수 있는 요소가 있는지 계속 고민하며 올려야 한다. 업로드뿐만 아니라 나를 좋아해 주는 팔로워들과 끊임없이 소통해야 하는 점도 잊어서는 안 된다. SNS의 특징은 팔로워와의 소통 관계에 있다. 아무리 자신의 전문성을 증명해도 보는 이들에게 공감받을 수 없다면 SNS에서는 살아남을 수 없다.

전문성이라고 해서 너무 어렵게 생각할 필요는 없다. 자신이 가계부를 남과 다르게 쓰는 방법으로도 전문가가 될 수 있다. SNS에서는 전문적으로 공부한 박사보다 옆집 언니 같은 친근함이 더 먹힌다. 사람들은 자신과 비슷하지만 한 발 더 앞서있는 사람들을 좋아한다. 작은 지식이라도 꾸준히 콘텐츠를 올리면 전문성을 증명할 수 있다.

자신의 장점과 일상을 관찰하면 자신이 좋아서 몰입하는 일이 분명히 있다. 가족을 위해 요리를 하거나 집안을 정리하는 일, 매일 꾸준히 하는 운동이나 독서 등 충분히 평범한 일상에서 자신만의 매력과 콘텐츠를 발견할 수 있다.

# 2.

## 보는 순간 끌리는
## 매력을 브랜딩하라

비슷한 제품, 서비스가 널린 세상에서 내가 만든 것에 매력을 느끼게 만들려면 어떻게 해야 할까? 완전히 새로운 상품이나 서비스를 만들어 내는 것은 어려운 일이다. 1인 창업가의 경우는 브랜드가 곧 창업자이기도 하다. 같은 제품과 서비스는 널렸지만, 사람은 지구상에 유일한 독창적인 존재이기 때문에 나를 내세우는 것도 차별화할 수 있는 하나의 방법이다. SNS에서 매력적인 사람들을 떠올려보면 그들에게는 묘한 끌림이 존재한다. 그 이유는 무엇일까? 그것은 그들의 외모가 될 수도 있고, 성격, 말투, 사진을 찍는 스타일, 글을 쓰는 방식 등 매력을 보여주는 방식은 다양하다. 끌림을 주는 이들의 특징은 그들만의 고유한 분위기가 존재한다.

사람들이 SNS를 보는 이유는 현실과는 다른 SNS에서 힐링을 느끼고 공감과 위로를 얻고 재미를 느끼고 동기부여를 하고 싶은 것이다.

내가 매력을 느끼는 사람들은 2종류이다. 자신의 독창적인 무언가를 만들어내는 크리에이터들과 성공한 창업가들이 해주는 동기부여가 거부감이 없이 나에게 자극을 줄 경우이다. 독창적인 크리에이터들은 트렌드가 아닌 자신만의 분위기를 가지고 있다. 그 분위기가 사진에서 글에서 영상에서 드러날 때 우리는 그들을 기억하고 다시 찾아보고 싶어진다. 내가 SNS상에서 끌리는 크리에이터들은 나에게 특별한 이익을 줘서 보는 것이 아니라 보고 있으면 그냥 즐겁고 마음에 힐링이 되기 때문이다.

인플루언서 로지는 아베크엘 카페를 운영하면서 유명해졌다. 그녀의 동화 속에서 나온 듯한 사진과 감성은 늘 나를 설레게 만든다. 어떤 장소에서 어떤 사진을 찍어도 일관된 동화 같은 감성을 보여주는데 이 사진들은 현실과 동떨어진 소설이나 영화에서 나온 주인공 같은 느낌을 풍긴다. 그녀의 옷차림, 인테리어 스타일, 말투, 폰트, 영상, 사진, 글 모든 게 그녀를 표현한다. 옷과 화장품을 판매하는데 물건을 판다는 느낌보다는 그녀의 라이프스타일을 경험한다는 느낌이 더 정확하다. 언제라도 그녀의 인스타그램에서 가족의 사랑이 느껴지고 일상을 동화로 소중하게 만드는 그녀의 감성은 사람들을 자극하기에 충분히 매력적이다.

그림 유튜버 이연은 80만 유튜버이다. 퇴사하고 자신이 좋아하는 그림을 그리며 인생에서 고민하는 문제들에 대해서 말해주는데 얼굴이 나오지 않아도 특유의 편안함이 좋아하는 라디오를 틀어놓는 느낌이다. 그녀가 가장 매력적인 것은 자신을 사랑하는 태도가 말 속에 녹아 있기 때문이다. 유난히 나를 괴롭히며 힘든 날을 보낸 날은 그녀의 유튜브를 라디오 켜듯이 틀어놓는다. 나를 다독이고 싶을 때 편안함을 느끼며 좀 쉬고 싶을 때 그녀를 찾는다.

자기 계발 유튜버 드로우 앤드류는 50만 크리에이터이다. 그를 좋아하는 이유는 친절한 말투와 호감 가는 착한 얼굴, 자신만의 스타일을 녹여낸 인테리어와 사진들이다. 친절하고 밝은 표정에서 그가 가르쳐주는 것들은 듣는 사람도 거부감 없이 따라 하고 싶을 정도로 매력적인 비주얼과 영상을 만들어낸다.

두 번째 끌리는 유형은 동기부여를 잘해주는 사람이다.
내가 좋아하는 동기부여 강사는 김미경 님이다. 이분은 너무 재밌어서 자주 찾아본다. 정신을 번쩍 차리게 만들면서도 그녀의 강의는 누구나 웃게 만드는 특별함을 가지고 있다. 살아온 인생경험이 많은 큰 언니의 이야기를 들으면서 위로를 받고 다시 걸어나갈 용기를 얻는다.

요즘, 끌리는 작가 중에 루이스 헤이의 책들을 독점으로 번역하고 미라클모닝 동기부여를 해주는 엄남미 작가님이 있다. 이분의 유튜브 영상 몇 개로 말 한마디 한마디에 진심이 느껴져서 팬이 되었다. 이분의 영상과 책들은 인생을 바꿀 수 있는 강한 에너지가 느껴진다. 진심을 담으면 그 에너지가 영상으로 책의 활자로 전해질 수 있다는 것을 알았다. 나는 지칠 때마다 그녀의 영상을 틀어놓고 듣는다. 그럼 다시 에너지가 생겨 도전하고 싶은 일이 생긴다.

SNS에서 보이는 브랜드의 모습은 만들어진 모습도 있지만 진짜 자기 모습을 드러낼 때 사람들은 매력을 느낀다.

그럼, 나의 매력을 어떻게 고객들에게 어필할 수 있을까? 내가 나의 매력을 모르겠으면 주변 사람들에게 물어봐도 좋다. 진심으로 나를 좋아하는 사람에게 물어보는 것도 도움이 된다.

검색을 통해 나의 브랜드 SNS에 유입된 사람들은 일차적으로 나와 결이 맞는 사람들이다. 그들에게 유용한 콘텐츠를 꾸준히 올려서 도움을 줄 수 있다면 그들의 마음을 사로잡을 수 있다. 내 브랜드 SNS에 방문한 사람들이 처음 보았을 때 어떤 콘셉트의 어떤 목적이 있는 곳인지 쉽게 인지할 수 있으면 좋다.

사람들에게 보여주는 나의 이미지는 사진, 글, 말투, 분위기 등의 표현하는 모든 요소가 내가 판매하는 제품과 서비스의 이미지를 결정한다. 상품만 판매하려고 조급한 SNS는 고객들에게 외면받는다. 무언가를 팔기 전에 나에 대한 좋은 이미지를 심어 주면 매출은 자연스럽게 올라간다. 사람들은 편의점이나 마트에 갔을 때 가격을 보고 구매하기도 하지만 SNS에서는 감성에 따라 구매하는 경우가 많다. 인플루언서들의 이미지를 보고 그들의 취향과 선택을 믿고 구매하게 된다. 사람들의 호감을 얻기 위해서는 자신만의 감성을 담은 SNS를 만들어야 한다.

SNS에서 상품을 구매하려는 사람은 '나'라는 사람을 좋아하기 때문에 찾는 것이다.

아무리 좋아하는 옷 가게나 카페가 있어도 그곳이 불친절하면 가기 싫은 경험을 해보았을 것이다. 내가 좋아하는 카페에 갔는데 그 주인이 화를 내며 일하고 있다고 생각해 보라. SNS에서 감정적인 일기장과 구별을 못 할 때가 있는데 감정을 폭파해 부정적인 메시지를 가득 담는 사람들도 많이 보았다. 부정적인 감정은 부정적인 사람들을 끌어온다는 것을 알아야 한다. 인간인지라 항상 친절하고 좋은 모습만 보일 수는 없겠지만 나의 부정적인 모습이 사람들에게 어떤 영향을 줄지 생각해서 행동해야 한다.

열 번 잘해도 한번 실수로 무너지는 게 관계라고 하지 않는가? 그만큼 내 감정을 관리하는 것도 내 브랜드 이미지에 큰 영향을 끼친다는 것을 기억하자.

나의 좋은 마음과 에너지는 SNS에서 상대방에게 전해지기 때문에 팔로워와 이웃은 나에게 마음을 열고 고객이 되어준다. 주인은 자신의 색을 드러내면서도 친절한 호의를 베풀어야 한다. 나의 고객을 대하는 태도는 사업의 성패를 결정한다. 고객을 진정으로 도와주고 사랑하는 마음으로 대하면 고객에게 큰 호감으로 다가온다.

처음에는 관심이 없다가도 나의 SNS에 끌려서 이것저것 둘러보다 보면 그가 판매하는 서비스나 상품을 사고 싶어진다. 그때 문의하고 답변

받으면 더 사고 싶어진다.

운영자의 태도와 분위기가 고객의 구매를 결정하게 만드는 것이다.

SNS로 브랜드의 끌림을 만들어 내고 싶은 사람들은 고객이 오늘도 방문하고 내일도 방문하고 싶게 분위기를 만들어야 한다. 여기서 가장 중요한 것은 이미지뿐만 아니라 진심을 다하는 태도를 보여야 한다는 것이다. 고객의 고민과 마음을 먼저 알아주고 진심으로 도와주려는 마음을 가질 때 고객은 다시 방문하고 싶어진다.

화려하거나 포장된 이미지가 없더라도 자신만의 색과 분위기, 친절함, 진정성을 담을 수 있다면 고객은 당신이라는 브랜드를 다시 찾아오게 될 것이다.

# 3.

## 팔로워가 아닌
## 찐팬 1,000명을 만들어라

『타이탄의 도구들』팀 페리스는 '성공은 복잡할 필요가 없다. 그냥 1,000명의 사람을 지극히 행복하게 만들어주는 것에서 시작하면 된다'고 했다. 내가 하고 싶은 일을 지속하기 위해서는 내 일을 사랑해 줄 단 1,000명의 진정한 팬만 있으면 된다는 말이다. 진정한 팬이란 단순히 팔로워 숫자가 아닌 '당신이 만드는 건 뭐든지 사주는 사람들'로 진심으로 당신을 좋아하고 당신이 만드는 것에 관심을 가지는 사람들이다.

과거에는 고객들과 직접적인 관계를 맺어야만 단골을 만들 수 있었다. 직접 전단지와 리플릿, 카탈로그, 우편, 전화를 통해야만 고객과의 관계를 맺을 수 있었다. 하지만 지금은 블로그, 인스타, 페이스북, 트위터, 유튜브 등을 통해 이전에 비해 압도적으로 간단하게 고객과의 '관계성'을 만들 수 있는 시대가 되었다.

그럼 진정한 팬을 만들기 위해서는 어떻게 해야 할까? 관계는 하루아침에 만들어지는 것이 아니다. 가령, 누군가를 만나 결혼을 하기 위한 과정을 생각해 보자. 여러 번 밥을 먹으며 대화하고 서로의 성장 과정과 가치관을 공유하고, 함께 놀러 가 성격을 파악하고 짧게는 1년 길게는 몇년 동안 애정과 신뢰를 쌓아야만 결혼을 결심할 수 있다.

비즈니스도 마찬가지다. 고객이 믿고 나의 상품이나 서비스를 신뢰하기까지는 단계별 관계성을 구축해나가지 않으면 안 된다. 요즘 시대는 정보 홍수의 시대이다. 고객조차도 어떤 것을 사야 할지 종잡을 수 없을 정도로 온갖 정보와 신제품이 실시간으로 업데이트되는 시대이다.

나는 자기 계발 분야에 관심이 많아 SNS를 통해 하루에 내가 접하게 되는 강의와 책의 정보량은 엄청나게 많다. 너무 많은 정보로 인해 선택을 미루게 되기도 한다. 고객들도 마찬가지로 돈을 지불하는 선택에 있어서 미루는 습관을 지니고 있다. 그럼, 고객이 원하는 상품과 서비스를 구매하는 시점에 아 그 사람한테 가서 사면 되겠구나라고 떠올릴 수 있도록 평소에 관계를 만들어 놓아야 한다. 조급하게 판매에만 정신이 팔려 귀찮게 DM을 보낸다거나 상품 홍보내용을 하루에 몇 번씩 SNS에 올리는 조급한 행동은 오히려 역효과를 낳을 수 있다. 이런 방법은 처음 만난 이성에게 '우리 결혼합시다.'라고 말하는 것과 같은 꼴이다. 서서히 공감하고 신뢰받을 수 있도록 관계성을 먼저 구축하는 게 필요하다.

예전에는 종이매체를 통한 홍보비용 인쇄비와 인건비가 들었지만,

SNS를 활용할 수 있는 현시대에는 정보를 내보내는 데 비용이 거의 들지 않는다. 1,000명에게 전단을 뿌려야 하는 과거에는 전단의 인쇄비용과 인건비가 발생한다. 하지만 현시대에는 SNS의 발달로 인해 팔로워가 1,000명인 사람들은 넘쳐나고 조금만 노력하면 1만 명의 팔로워를 보유한 인플루언서도 흔한 시대가 되었다. 이를 계산해 보면 매일 1만 명의 사람들에게 집에 앉아서 편하게 정보를 발신할 수 있다는 뜻이기도 하다. 이를 전화나 전단지, 우편물로 대체한다면 얼마나 많은 시간과 노력 돈이 필요할까? 우리는 인스타그램 DM으로 해외에 있는 누군가와 몇 분 만에 대화를 접속할 수 있는 편리한 시대에 살고 있다.

나는 하루에 1~2회 인스타그램에 올리고 블로그 포스팅, 유튜브에 업로드한다. 많은 팔로우 수는 아니지만 매일 1,000명이 넘는 사람이 내가 발신하는 정보를 본다는 의미이다. 실제로 오프라인에서 1,000명이 나의 이야기를 듣는다고 생각해 보면 얼마나 많은 숫자인가? 물론 모든 팔로워가 나의 정보를 유심히 보지는 않을 것이다. 1,000명의 팔로워를 확보했다면 100명 정도의 사람들이 나에게 관심을 가질 것이다.

내가 좋아하는 일로 돈을 벌기 위해서는 1,000명의 팬이 필요하다고 이야기했다. 그러면 평균적으로 1만 명의 팔로워를 모을 수 있어야 1,000명의 찐 팬을 만들 가능성이 조금 열려 있는 것이라고 볼 수 있는데 물론 1,000명이더라도 그 모두가 나를 진심으로 좋아해 주고 공감해 주고 나를 신뢰해 준다면 팔로워 1,000명도 충분할 것이다.

처음부터 욕심내지 말고 나를 좋아해주는 팔로워 1명에게 진심으로 소통하고 공감할 수 있는 이야깃거리와 그가 필요로 하는 정보를 제공한다는 마음으로 인스타 피드, 블로그 포스팅, 유튜브 영상을 만들어보자.

우리는 평가받는 것에 익숙해져 있어서 남의 시선을 너무 의식하면 피드를 올리기가 두려워진다. 나도 그런 적이 많다. 모든 사람이 나의 계정을 좋아해 주길 바라는 마음을 버리고 누군가 1명에게는 도움이 될 거라는 마음으로 올려보면 편하게 할 수 있다. 최초의 1명이 10명이 되고 100명이 되고 1,000명이 되고 1만 명이 된다. 의미 없는 팔로워 숫자는 중요하지 않다. 내가 올린 것을 진심으로 좋아해주는 사람이 존재한다면 그 사람을 위해 계속 좋은 콘텐츠를 제공하고 소통하라. 그럼, 그 숫자는 계속 늘어날 것이다.

매일 1,000명의 친구가 나의 정보를 본다는 건 엄청난 의미이다. 당신의 정보를 매일 접한다는 것은 당신이 잊히지 않는 사람이 된다는 것을 의미한다. 당장 팔려고만 고민하지 말고 잊히지 않을 관계성을 만들어내는 데 집중해 보자. 그러기 위해서는 강도보다는 빈도이다.

매일 1명의 고객에게 손 편지와 전화를 하는 것과 같다는 생각으로 피드를 만들어보자. 관계성이 만들어지면 호의를 품게 되고 곧 상품이 팔리기 시작한다. 내 주변에 사업하는 사람 중에 오프라인에 특화된 사람들이 생각보다 많다. 직접 발로 뛰는 영업에 익숙한 사람들은 SNS에서 활동하기 어렵고 귀찮게 생각하는 경우가 많다. 그 사람들은 SNS의 효과를 제대로 알지 못하기 때문에 행동하지 않는다. 익숙한 것이 편하므로 바뀌지 않은 것이다. SNS에서 고객과 관계성을 맺는 것이 불가능하다고 생각하는 사람들은 앞으로 사업가로 자신이 좋아하는 일을 하며 살아가기가 점점 어려워질 것이다. 나는 찐 팬을 확보하기 위해 SNS 발신뿐 아니라 줌 화상채팅 활용, 오프라인 만남까지 계단식으로 관계를 형성해 나간다. 아무리 온라인으로 소통이 가능한 시대이지만 오프라인으로 직접 만나서 만들어 나가는 관계 온도는 대체될 수 없기 때문이다.

어떤 사람들과 연결되고 싶은지 명확한 자기만의 기준을 만들어놓고 그런 사람들의 공감을 얻을 수 있도록 그들이 당신을 좋아할 수 있도록 잘 정리된 생각과 정보를 올리는 게 중요하다. 여기서 팔고자 하는 목적에만 집중하면 사람들은 거부감을 느끼거나 즉각 경계하게 된다.

반면 항상 즐거운 일상을 이야기하거나 남들이 몰랐던 정보를 알려주는 사람, 자신이 좋았던 경험을 공유하는 사람들은 쉽게 공감받고 관계성이 쉽게 만들어진다.

# 4.

## 고객의 취향을 만드는
## 큐레이터가 되라

모든 게 넘쳐나는 이 세상에서 지구상에 하나밖에 없는 상품을 만들기란 어려운 일이다. 그럼 당신의 상품을 편집하는 즉 '큐레이션'을 활용해보자. 큐레이션이란, 다른 사람이 만들어놓은 것들을 목적에 따라 분류하는 일이다. 과거에는 박물관, 미술관 등의 전시 책임자를 통칭하는 말이었지만 이제는 분야를 넘나들며 여러 정보를 수집, 선별해 최상의 정보를 제공하는 새로운 가치를 전하는 사람을 말한다.

다양한 자료들을 자신만의 스타일로 조합해 내는 유튜버 크리에이터, 인플루언서들이 대표적인 큐레이터들이라고 할 수 있다.

내가 만든 잇북클럽은 독서 모임에서는 책뿐만 아니라 전시, 브랜드 방문 등으로 다양한 문화생활 및 브랜드 스터디를 함께 한다. 책을 함께 읽으며 서로 공부한 부분을 실제로 나의 브랜드에 적용하며, 서로 인사이트를 나눈다. 독서 모임 커뮤니티는 주인장의 독서 취향을 반영할 수밖에 없다. 주로 자기계발서 위주로 큐레이션하고 있지만 브랜딩 관련된 전문적인 도서와 마인드 관련 도서로 주요 책들을 선정하고 있다.

잇북클럽에서 만나는 사람들은 모두 나와 같은 취향과 생각을 가지고 있는 경우가 많다. 모두 지속적인 성장을 좋아하고 독서를 좋아하며 자신만의 브랜드를 구축하고 싶어 한다. 나를 중심으로 취향을 공유하면 나와 비슷한 사람을 끌어당긴다. 이것이 큐레이션의 힘이다.

잇북클럽에서 만난 지음 님은 바탕 디자인 대표로 일하면서 자신이 좋아하는 문구 브랜드 덕후이다. 단순히 좋아하는 것을 넘어서 한번 꽂힌 브랜드가 있으면 그 모든 것을 구매하고 방문하고 보고 연구한다. 덕질을 블로그에 꼼꼼히 기록하는 것은 물론, 사람들에게 좋아하는 브랜드에 대해 바로 설명할 수 있는 말하는 능력도 뛰어나다. 지음 님은 자신이 좋아하는 것을 노트에 블로그에 인스타에 몇 년 동안 꾸준히 기록하고 있다고 했다. 이런 덕질은 누군가 보기에는 쓸모없어 보일지 모른다. 하지만 이런 덕질로 인해 지음님을 글쓰기, 말하기, 기록, 편집하는 능력을 성장시켰고 현재 자신의 브랜드를 구축하는 데 많은 도움이 되었다고 한다.

『기록의 쓸모』 이승희 저자는 마케터의 일을 시작하면서 일상의 모든 영감을 기록했다. 기록을 시작한 건 함께 일하는 상사가 왜 회의 시간에 기록하지 않느냐고 한 것이 계기였으나, 구체적인 시작은 '일을 잘하고 싶다는 고민'이었다. 일상에서, 여행에서, 직장에서, 강연장에서, 수십

년 전의 잡지에서, 심지어 비행기 안에서까지 만나는 것들이 모두 영감의 원천이자 기록이 되었다. 여행지에서 찍고 남긴 메모는 회의 시간에 꺼내놓을 기획안이 되었고, 업무시간의 한 줄은 일하는 태도를 배우는 계기가 되었다. 사람들과 밥을 먹으며 나눈 대화는 '주간 음식'이라는 새로운 형태의 기록으로 남았다. 일에 대한 고민과 포부의 기록은 다른 마케터들과 책을 내는 기회가 되었다.

처음에는 자신에게 필요한 것들을 수집하고 공유하는 기록에서 출발했지만, 기록하면 할수록 끊임없이 의심하고 질문하며 나만의 생각을 담으려는 기록으로 진화했다. 기록하면서 가장 큰 수확은 '나만의 이야기'를 남기게 된 것을 꼽는다.

일을 잘하고 싶어서 시작한 기록이 마케터라는 직업을 갖도록 이끌었다. 순간을 공유하고 싶어서 기록한 영감 노트 계정은 13만 팔로워를 넘었고 #영감 노트라는 해시태그는 하나의 키워드가 되었다. 기록만으로 『인스타 하러 도쿄 온 건 아닙니다만』, 『여행의 물건들』, 『기록의 쓸모』, 『일놀놀일』, 『별게 다 영감』 5권의 책의 작가가 되었다.

오늘 먹었던 음식점에서 기억에 남는 것, 지나가다가 본 간판, 인스타에서 본 기억에 남는 문구, 오늘 나눴던 대화, 등 일상에서 사소한 것들을 기록하다 보면 그것이 영감이 되고 아이디어가 된다. 그것을 나만의 이야기로 풀어낼 수 있으면 콘텐츠가 되고 기획이 되고 사업이 되고 한 권의 책이 될 수 있다.

29cm 온라인 편집숍은 어떻게 보여주느냐에 따라 같은 상품이어도 다

르게 팔릴 수 있다는 걸 보여주는 좋은 편집 사례이다. 쇼핑한다기보다는 하나의 매거진을 보고 있는 느낌이다. 브랜드의 스토리를 소개하며 브랜드의 매력을 어필하는 방식은 상품을 사기보다는 브랜드의 스토리와 라이프스타일을 산다는 느낌이 강하다. 같은 상품을 판매하더라도 쿠팡에서, 오늘의 집에서, 29cm에서 파는 방식은 모두 다르다. 인플루언서들의 공구하는 방식을 봐도 각자 모두 자신만의 방법과 스타일로 판매한다. 판매하는 상품이 평범하더라도 파는 사람이 평범하지 않다면 자신과 상품을 매력적으로 어필할 수 있을 것이다.

만약 당신이 문구를 좋아하는 사람이라면 문구들을 소개하는 인스타그램, 유튜브 계정을 만드는 것이다. 이곳에 이 문구를 좋아하는 이유부터 사용 후기까지 자신만의 글과 사진으로 콘텐츠를 만들어 발행해 본다. 먼저 자신만의 취향을 좋아해 줄 사람들을 모으는 것으로 자신만의 브랜드를 시작해 보자. 큐레이션으로 퍼스널 브랜드를 구축하고 싶은 사람에게는 자신만의 생각을 글로 정리할 수 있어야 한다. 남들과 같은 방식으로 정보를 제공하기보다는 자신만의 생각으로 색다른 관점을 제시할 수 있어야 한다.

세상에 넘쳐나는 정보의 홍수 속에서 나만의 방식으로 큐레이션 할 수 있을 때 크리에이티브가 시작된다. 그러니 당신 스스로가 큐레이터가 되어 이 방대한 정보들을 편집해서 SNS에 올리는 것으로 자신의 브랜드를 시작해 보는 것은 어떨까?

# 5.

## 브랜드를 선망하게 만드는
## 스토리를 만들어라

벤츠는 성공을 상징하는 자동차로 스토리텔링을 하며 사람들의 욕망을 부추긴다. 엔지니어였던 고틀립 다임러는 그림에 자기 집을 그려 넣었다. 세 꼭지별로 연결한 뒤 "이 별이 언젠가는 생산공장에서 찬란하게 떠오를 것이오."라고 아내에게 말했다고 한다. 이 로고는 1909년에 디자인되어 완성되었고 벤츠 로고의 삼각형은 부, 품격, 신뢰를 상징하며 벤츠의 성공과 품격을 최고의 가치로 여기며 성공한 이들의 이미지와 오버랩되고 있다. 어떤 자동차를 타느냐에 따라 그 사람이 추구하는 가치를

가늠해 볼 수 있다. 벤츠를 타는 사람은 성공한 사람이라는 강한 이미지를 스토리로 만들어 팔고 있던 것이다.

탐스슈즈는 하나의 슈즈를 사면 하나는 아프리카 지역의 아이들에게 기부된다는 스토리텔링으로 전 세계인의 호응을 얻으며 기업으로 성장했다. 200만 켤레가 넘는 신발을 아이들에게 신겨주게 되었다. 소비자가 구매하면서 자연스럽게 기부에도 동참할 수 있는 기회를 제공한다는 스토리는 신드롬을 일으켰다. 한때 브랜드가치는 6,000억 원을 넘어설 정도로 세계적으로 성공한 사회적 기업으로 손꼽히기도 했다. 추후 제품개발 없이 스토리만으로 버티던 이 기업은 결국 몰락했지만, 그만큼 하나의 스토리는 사람들을 열광시키기에 충분한 가치를 만들어준다는 증거가 되었다.

배달의 민족은 고객이 참여하게 만드는 이야깃거리를 만들어낸다. 창업 초기 여름에 배민은 '수동바람'이라고 단순하게 쓰인 부채 1,000개를 제작해 쿠팡에서 판매하게 되었다. 부채 30개에 3,000원에 무료배송 무료로 뿌린 것이다. 사람들은 부채를 사고 친구들에게 나눠주며 "수동바람, 웃기지 않냐?" 이야깃거리를 만들어냈고 배민 부채라는 사실도 알게 되었다. "배민이 뭐야?" "배달의 민족이라고 음식 배달 앱이야." 라고 자연스럽게 입소문을 만들어낸다. 그러면서 시선을 끌기 시작했다.

배달의 민족 수동바람 부채

평범한 사람이 특별한 스토리를 만들려면 어떻게 해야할까? 자신이 살아온 인생에서 실패한 경험을 부끄러워하지 않고 그 경험을 나눔으로써 특별한 스토리를 만들어라. 자신의 실패한 경험은 다른 사람들에게 간접 경험이 되며 희망이 된다.

80만 유튜버 이연은 자신의 재능을 이용해 이야기를 듣게 했다. 그림이 꿈이었던 그녀는 디자인을 선택해 돈을 벌었지만 결국, 그림을 그리고 싶어 퇴사를 결심하게 된다. 그림이 자신을 행복하게 만드는데 굳이 그 그림이 나에게 성공까지 돈까지 주어야 될까 하는 생각을 하면서 성공에 대한 욕심을 내려놨고 유튜브에 편하게 그림을 그리면서 자신이 하고 싶은 다양한 이야기를 진솔하게 꺼내놓게 되었다. 사람들은 그녀의 이야기에 공감하며 구독자 80만 명을 모으게 되었다.

마인드파워 스페셜리스트 조성희 님의 '클래스 101'의 '마인드파워시크릿' 강의에서 나는 마지막에 눈물을 흘렸다. 50강으로 구성된 마인드 강의에서 마지막 50강에서는 조성희 님의 스토리에서 자기 집은 너무 가난했으며 아빠의 폭력으로 엄마가 집을 나갔었고 다시 자기 집으로 돌아오셨을 때 인생을 한번 바꿔보자는 결심을 하게 됐다고 한다. 그 이야기를 듣고 눈물을 안 흘릴 사람이 있었을까? 아마, 조성희 님이 지금의 성공한 모습만을 보여주려고 했다면 사람들은 그녀의 이야기를 공감하지 못했을 것이다. 어려운 환경 속에서도 마인드파워로 인생을 바꾼 그녀의 스토리는 사람들에게 희망을 준다.

이제는 어느 대학을 나왔고 배경이 어떻고 스펙은 더 이상 중요하지 않다. 자신이 어떤 일을 좋아하며 얼마나 충분히 몰입할 수 있는지가 더 중요한 세상이 되었다.
자신이 좋아하는 것을 드러내고 자신이 살아온 인생이 실패투성이라

할지라도 그것을 부끄러워하지 않고 솔직하게 자신의 이야기를 공유했을 때 사람들은 그 이야기에 공감하고 더 듣고 싶어진다.

자신이 살아온 인생에서 실패한 경험을 부끄러워하지 않고 그 경험을 나눔으로써 다른 사람들에게 희망이 되며, 특별한 스토리가 된다.

아픈 기억과 고통스런 경험의 극복과정을 자신의 브랜딩을 더욱 풍부하게 만드는 재료로 활용해보라. 많은 사람들이 자신의 가난했던 시절을 소재로 사람들에게 희망을 주고 역경을 극복한 소재로 활용해 유명해진 사례는 정말 많다.

당장 내가 하고 싶은 것, 오늘 내가 즐거웠던 것, 내가 실패했던 것 그것들을 마음 편히 이야기하는 것이다. 그렇게 매일 이야기하다 보면 어느 순간 그 분야에서 잘 아는 사람으로 차별화될 것이고 사람들은 그것을 떠올릴 때 당신이 생각날 것이다. 이것이 당신의 재능이자 사람들이 당신의 이야기를 듣게 만들고 당신이 파는 상품을 가치 있게 만들어주는 하나의 스토리가 되어줄 것이다.

브랜드는 일관성을 가지고 한목소리를 낼 때 더욱더 파워풀한 영향력을 가진다. 브랜드가 나아가야 할 비전을 명확하게 가지고 보여주되 각각의 SNS마다 매체의 특징을 파악하고 커뮤니케이션해나가면 좋다. SNS에서 자신의 가치를 드러낼 스토리를 어떻게 만들지 페르소나를 만들어보자. 고객이 당신에게 기대하는 바는 무엇이며 줄 수 있는 경험 가치, 고객들이 왜 나를 다시 찾고 싶은지 당신의 서비스나 제품을 살 때 어떤 점에서 매력을 느끼는지에 대한 피드백을 끊임없이 고민하며 수정해 나가자.

이제 제품의 기능을 보고 구매하는 시대가 아니라 브랜드가 지닌 철학과 가치를 소비하는 시대이다. 브랜드가 지닌 가치 스토리가 무엇이냐에 따라 고객은 그것을 공감하고 교감할 수 있을 때 당신의 상품이나 서비스의 구매를 결정하게 될 것이다.

# 6.

## 당신의 라이프스타일을 사게 하라

사람들은 선망의 대상인 연예인, 셀럽, 인플루언서들의 라이프스타일에 민감하다. 드라마 속 여주인공이 들었던 백과 옷과 신발, 액세서리 등이 선망의 대상이 되어 불티나게 팔리는 경우를 많이 볼 수 있다. 요즘은 연예인이 아닌 일반인들도 매력이 있으면 유튜버, 인플루언서로 인기를 끌어 사람들은 그들의 라이프스타일을 구매한다.

그런 라이프를 선망하는 구독자들은 그 유튜버가 추천하는 물건들은 믿고 구매하며 그녀들이 만든 패션, 뷰티 제품들도 팬이 되어 구매하게 된다. 나와 거리감이 느껴지는 연예인보다 옆집 언니 같은 친근한 유튜버가 더 잘되는 이유이기도 하다.

원래 타고나길 예쁜 여자였는데 어떤 화장품을 발라서 피부가 좋아졌다는 말, 다이어트약을 먹고 있어서 날씬함을 유지한다는 말, 자신의 에너지 원천은 비타민 음료라는 스토리를 들으면 나도 그 예쁜 여자가 될 것 같은 환상에 빠지게 되고 구매로 이어지게 되는 것이다.

패션, 뷰티 유튜버들은 인기를 끌기 위해 자신이 가진 명품가방을 소개하기도 하고 좋은 차, 좋은 장소, 화장품, 옷 등을 소개하면 구독자를 모은다. 사람들이 동경하는 브랜드를 자신이 갖고 있음으로써 동일한 가치로 만들어 초반에 인기를 얻어 구독자나 팔로워를 모으는 경우가 많다. 그들의 라이프스타일을 보며 저 언니가 가지고 있는 것은 다 갖고 싶은 심리를 만들어 자신이 만든 브랜드를 구독자, 팔로워들에게 판매하는 것이다. 단, 호화로운 것과 아름다움을 욕망하게 만들어 마케팅하는 사람들에게는 취향이 일관되어야 하고 한끝이 다른 차별점 또한 분명히 있어야 팬들을 모을 수 있다.

깔랑 브랜드를 만든 인플루언서 김현정 대표는 예쁜 외모뿐만 아니라 욕망을 자극하는 집과 라이프스타일을 계속 노출한다. 자신의 가난에서 부자로 인생을 역전한 스토리를 인스타그램에 공유하며 사람들의 선망 대상이 되었다. 인스타그램만으로 브랜드매출 1,000억을 만들어내는 데 성공했다.

요즘은 하와이에 집을 사서 하와이 라이프까지 보여주며 팔로워들의 호기심을 계속 자극한다. 외적인 요소도 충분히 사람들을 자극하지만, 그녀가 판매하는 제품들을 소개하는 그녀의 마케팅적 글쓰기와 스토리텔링, 이벤트, 사진 감각, 제품력 등은 충분히 사람들의 시선을 끌 정도로 완벽하고 매력적이다. 그녀는 자신의 라이프스타일을 사게 하는 데 완벽하게 성공했다.

    나는 어린 시절부터 초등학교 때부터 장기자랑에 나가 춤을 출 옷을 직접 골랐고, 10대 때부터 패션잡지를 보며 미적 감각을 계속 키워왔다. 옷 잘 입는 친구들, 예쁜 친구들이 내가 부러워하는 대상이었다. 지금 생각해 보니 아름다움에 대한 미적 욕구는 나의 천성이었나 보다. 나의 스타일을 꾸미는데 돈이 중요한 요소였던 적은 없었다. 10대 때에는 5만 원이었던 용돈으로 가장 예쁜 하나의 옷을 사기 위해 옷 가게를 돌아다녔다. 20세가 돼서는 50만 원 정도의 용돈으로 매주 옷 가게에 들러 옷을 사고 헤어스타일은 한 달에 한 번 바꾸며 20살의 멋 부리는 자유로움을 누렸다. 친구들은 그 옷 어디서 사냐며 궁금해하기도 했고 '다모임'이나 '싸이월드'를 하던 시절 내 사진을 보고 그 옷 어디서 샀냐는 질문을 많이 받았었다. 생각해 보니 나도 한때는 그 시절의 인플루언서였던 것이다. 지금은 이런 자신의 일상을 SNS에 올리면 사람들은 그 사람의 라이프스타일 취향을 믿고 구매하는 시대이다.

    나는 어렸을 때부터 내 방을 꾸미는 것도 좋아했다. 그런 일들이 예전에는 자기만족이었다면 지금은 SNS에 자신의 일상을 기록하게 되면서부터 사람들은 스타일이 좋은 사람들에게 '좋아요'를 누르고 팔로우하며 그들의 일상을 탐색한다. 그들을 동경하는 팬덤이 생기기 시작하면 인플루언서들은 자신의 라이프스타일을 판매하기 시작한다. 외모를 꾸미고 자신의 공간을 꾸민다고 해서 누구나 화려한 라이프스타일을 보여줄 필요는 없다. 자신의 스타일이 미니멀라이프이든 히피스타일이든 자신을 표현할 수 있는 하나의 콘셉트면 된다.

    평생을, 30년 동안 공무원으로 일하신 나의 아버지는 퇴직 후에 멋진 옷을 입고 색소폰을 독학으로 배워 30년간 연습하며 사람들 앞에서 연주하는 멋진 할아버지가 되었다. 가정주부로 사신 어머니는 평생 자기 옷을 취미로 만들어 입으시더니 60대에 패션디자인학과에 입학하여 4년 동안 공부하며 여전히 매일 가장 멋지게 꾸미고 다니신다. 부모님에게 자신의 재능과 라이프스타일을 유튜브에 공유해보라고 권하지만, 방법도 어려워하시고 특별히 필요성을 못 느끼시기에 하지 않는데 안타깝다. 보통의 사람들은 자신의 재능이 특별하다고 생각하지 않기에 공유하지 않는다.

    요즘은 시니어 인플루언서를 키우는 비즈니스도 인기가 많다고 한다. 60~70대 시니어들도 박막례 할머니나 밀라 논나 같은 유튜버가 될 수 있다. 자신만의 라이프스타일이 독특하고 SNS에 기록할 수 있는 능력이 된다면 누구나 가능하다.

    나는 성공한 여성 CEO 패션을 자기 경쟁력으로 사용하는 김태연 회장을 동경한다.

    옷을 비즈니스의 도구로 활용하는 그녀가 너무 멋있기 때문이다. 이런 선망의 대상이 되려면 당신도 패션을 도구로 사용해 자신만의 라이프스타일을 만들어야 한다. 당신의 삶을 따라 하고 싶게 만드는 것, 그것이 당신의 라이프스타일을 사고 싶게 만드는 방법이다.

런던베이글뮤지엄 대표의 인스타그램을 보면 영국 빈티지 느낌의 패션과 인테리어 사진으로 꽉 차 있다. 그녀의 스타일은 사람들에게 큰 주목을 받으며 그녀의 스타일을 그대로 녹여낸 하이웨이스트, 런던베이글뮤지엄 카페는 200명이 넘는 줄을 서야 하는 핫플레이스가 되었다. 베이글은 사실 흔한 아이템이다. 어디 가도 먹을 수 있는 아이템이지만, 런던베이글뮤지엄의 베이글은 세상에서 하나밖에 없는 특별함이 존재한다. 네이밍에서부터 인테리어 빵의 재료와 맛, 음악, 굿즈, 주인장의 패션까지도 자신만의 스타일과 콘셉트를 비주얼로 표현할 수 있었기에 세상에 하나밖에 없는 런던 베이글을 먹으러 가기 위해 사람들은 줄을 선다.

그녀의 인스타그램은 매일, 그녀의 패션센스와 직접 매장 하나하나를 만들어 나가는 과정을 담은 사진들을 볼 수 있는데 모든 것이 그녀의 라이프스타일을 보여준다. 그 창의적인 생각들이 어디서 나오는지 그녀의 재능과 생각이 참 독특하다는 생각에 나도 매일 보게 된다. 따라 하고 싶은데 따라 할 수 없다. 그래서 더 멋있다. 남들이 하지 못하는 걸 하기 때문이다.


우리는 매일 같은 것을 보고 같은 생각을 한다. 자신만의 라이프스타일을 누군가가 사게 만들기 위해서는 남들과 다른 무언가가 있어야 한다. 그 무언가를 찾으려면 남과 다른 생각을 해야 한다. 그럼 어떻게 해야 할까? 컴퓨터나 핸드폰 속에서 누군가를 보며 부러워만 하지 말고 직접 몸을 움직여 많이 보고 많이 읽어야 한다. 좋아 보이는 것들을 수집하고 분석하고 모방해서 나만의 스타일로 다시 재창조해야 한다. 많이 실패해 보고 많이 도전하다 보면 나만의 스타일과 취향이 만들어지고 사람들은 당신의 라이프스타일을 동경하며 당신의 브랜드를 갖고 싶어 할 것이다.

# 7.

## 오감을 자극하여
## 감성을 건드려라

인간은 다른 동물에 비해 감각이 골고루 발달해서 오감의 자극을 통해 행복 지수도 올라간다. 시각, 청각, 후각, 촉각, 미각을 자극하여 고객의 만족도를 높이고 구매까지 끌어내는 것이 MZ세대들이 선호하는 오감 브랜딩 전략이다. 오감을 자극하는 비즈니스 커피, 와인, 향수, 오디오 시장이 커지는 이유이기도 하다.

내가 창업한 향초 사업이 잘되었던 이유도 후각은 무의식적으로 감정을 가장 자극하기 때문이다. 향기 시장은 포화상태이지만 여전히 잘되는 이유는 인간의 오감을 자극해 고객에게 행복을 만들어주기 때문이다. 지금 다시 시작한다고 해도 차별화만 만들어낼 수 있다면 향기 아이템은 안 잘될 수밖에 없는 사업이다.

많은 서점 중에 내가 교보문고를 좋아하는 이유는 매장 입구부터 특유의 교보문고 향이 책을 읽으러 가는 마음에 설렘을 더해주기 때문이다. 교보문고는 출판업계 최초로 향기를 마케팅에 도입했다. 교보문고에서 디퓨저와 룸스프레이가 책과 함께 베스트셀러에 올라와 있다.

교보문고 특유의 향은 서점의 향기를 연상케 하며 감성을 자극한다. 고객들은 입구부터 묘하게 끌림을 느끼게 되어 또다시 재방문으로 이어지는 것이다.

원래 한정 판매될 예정이었던 향 관련 제품들은 정식 상품화되었고 그 결과 월 매출 1억을 달성시키며 고객들에게 교보문고의 향을 각인시키는 데 성공했다.

교보문고 디퓨저

영국의 핸드메이드 화장품 브랜드 '러쉬'는 매장의 입구에 입욕제와 비누를 포장재 없이 진열시켜 화려한 색감으로 고객들의 시각을 사로잡았다. 특유의 향으로 후각을 자극해 매장으로의 방문을 유도한다. '러쉬 향'이라는 말이 있을 정도로 브랜드 고유의 향은 고객들에게 각인되었다. 매장 안으로 들어온 고객은 제품을 직접 만져보거나 향기를 맡아볼 뿐만 아니라 입욕제를 물에 풀어보기도 하고 제품을 피부에 직접 발라보는 경험을 하게 된다.

또한, 매장에 울려 퍼지는 밝고 빠른 비트의 음악은 화려한 색과 독특한 향기를 내세우는 러쉬의 이미지와도 잘 어우러져 고객들에게 즐거운 경험을 안겨주고 소비 욕구를 자극한다.

럭셔리한 5성급 호텔에 가면 특유의 고급스러운 특유의 좋은 향이 나는데 이 향을 맡으면 나까지 품격이 높아지는 기분을 만들어 준다. 나는 1년에 한 번씩 고급스러운 호텔 호캉스를 다녀오는데 그곳에서는 모든 감각이 예민해진다. 집안에서 도는 잡념이 사라지고 그 공간에서만 느낄 수 있는 분위기 조명, 향, 음악, 공간 등이 그대로 온몸 감각의 세포가 하나하나 살아나는 것을 느낄 수 있다. 호텔이야말로 가장 좋은 감각과 취향을 경험해볼 수 있는 최적의 공간이 아닐까 싶다.

시그니엘

커피숍이 끝도 없이 생기는 이유도 단순히 커피의 맛뿐만 아니라 커피의 향기가 주는 여유, 카페의 분위기와 음악, 공간의 분위기 때문에 우리는 비싼 커피값을 지불하고도 매일 커피를 사먹는 것이다.

눈과 입을 닫으면 볼 수 없고 먹을 수도 없지만, 귀는 늘 열려 있다. 유튜브에서 사운드는 가장 중요하다. 보통, 유튜브는 다른 일을 하면서 틀어놓거나 집중하기보다는 TV처럼 틀어놓는 경우가 많다. 사람은 생각보다 청각에 민감하게 반응한다. 인스타그램에서도 릴스 영상이 잘되는 이유도 소리가 있기 때문이다. 싸이월드가 잘되었던 이유도 감정을 음악으로 표현할 수 있었기 때문에 BGM이 잘 팔렸다. 친구의 싸이월드에 놀러만 가도 배경음악을 통해 지금 그 친구의 감정이 어떤 상태인지 알 수 있을 정도였다.

영화에서의 배경음악, 종교에서의 찬송가, 자동차에서 나는 시동켜는 소리 모두 감정을 유발하는 큰 역할을 한다.

아침 식사 대용으로 많이 먹는 콘플레이크의 대표 브랜드 켈로그는 입 속에서 씹을 때의 감촉과 바삭거리는 소리를 상품의 핵심적인 성공요건이라고 생각했다. 여러 해 동안 바삭거리는 소리와 맛 사이의 시너지를 내는 실험에 주력했다. 켈로그는 바삭바삭한 매우 독특한 소리를 창조하는 데 성공했고 이 독특한 감각은 켈로그 상품의 상징이 되었다. 브랜드 가치는 점점 더 올라가 사람들이 아침 식사에서 켈로그를 먹는 것이 하나의 문화가 되었다.

매장에 전시된 물건들을 괜히 손으로 만져보는 이유는 감촉이 좋으면 호감이 더 높아지기 때문이다. 화장품에서도 제형이 중요한 이유는 피부에 느껴지는 감촉 때문이다. 촉각을 마케팅으로 활용하는 방법은 시각적으로도 촉감이 느껴지도록 사진을 찍는다거나 슬로건을 이용하는 것이다. SNS에서도 마케팅 홍보문구로 촉감과 관련된 표현을 많이 쓰는 걸 볼 수 있는데 "부드럽고 촉촉하게 감싸 안은 느낌이에요."라는 말을 들으면 꼭 써보고 싶어진다. 촉감을 강조하는 마케팅은 온라인, 오프라인에서도 모두 활용할 수 있다.

이케아는 가구를 파는 매장인데 스웨덴을 대표하는 음식을 소개하는 식당을 같이 운영한다. 가끔, 이케아를 갈 때면 가구를 산다는 느낌보다는 놀러 가는 마음으로 음식의 메뉴를 먼저 고민하기도 한다. 미각은 인간의 기본적인 욕구이기 때문에 많은 브랜드가 어떤 아이템을 판매하든 카페를 같이 운영하는 이유이기도 하다.

가볍게 살 수 있는 생활용품 쇼핑거리와 저렴한 가격, 쇼핑이 끝나면 배고픔을 달랠 수 있는 스웨덴의 음식문화를 맛볼 수 있는 레스토랑이 있어서 우리는 이케아에 주말에 놀러 갔다 왔다는 느낌을 받을 수 있는 것이다.

나이키의 똑같은 런닝화를 위치가 다른 2개의 방에 진열해놓고 한쪽 방에는 혼합된 꽃향기를 주입했고 다른 곳에는 향기를 넣지 않았고 고객들이 어떤 방에 전시된 신발을 선호하는지 실험했다. 고객들은 84%에 달하는 압도적인 차이로 향이 있는 방에 전시된 신발을 선호했다고 한다.

이제는 오감을 이용한 브랜딩 기획은 필수적인 요소가 될 것이다. 나의 브랜드는 어떤 향기가 나고 어떤 감촉이 느껴지는지 어떤 맛이 나는지 어떤 소리를 들려줄 것인가? 오감 브랜딩을 통해 고객의 감성을 자극할 수 있다면 당신의 브랜드를 각인시킬 수 있을 것이다.

# 8.

## 나만의 브랜드 가치를 담은
## 책을 펴내라

브랜딩의 기본은 나만의 브랜드의 가치를 알릴 수 있는 다양한 매체를 찾는 것이다. 자신의 브랜드가 고객들과 커뮤니케이션되지 않으면 아무도 그 브랜드에 관심을 두지 않는다. 고객들에게 사랑받는 브랜드가 되려면 감동적인 스토리를 전하는 매개체가 필요하다. 그 매개체가 블로그, 인스타, 유튜브로 소통하는 방법도 있지만, 한 권의 책으로 만났을 때 브랜드의 가치는 특별함을 갖게 된다. 자신의 스토리가 책으로 출간되면 자신의 전문 분야에서 확실하게 자리 잡을 수 있게 되며 대학교의 학위나 자격증보다 더 큰 가치를 가지게 된다.

전문성 확보뿐만 아니라 강연가이자 강사로서의 삶을 만들어 나갈 수 있다. 내가 좋아하는 많은 롤모델들의 공통점은 모두 책을 썼다는 것이다.

18살 때 처음 읽었던 한비야의 『중국견문록』은 평생 내 인생 선택의 순간마다 중요한 디딤돌 역할을 했고, 인생의 고난과 문제가 닥칠 때마다 나는 책을 통해 거의 모든 문제를 해결해 왔다. 한 권의 책으로 사람, 또는 브랜드를 알았을 때 그 브랜드를 더욱더 사랑하게 되고 친근하게 느끼게 되는 것은 당연한 결과이다. SNS에서는 그 브랜드를 파악하려면 오랜 시간이 걸린다. 유튜브에서 한 사람의 콘텐츠를 소비하려면 오랜 시간이 걸리지만 한 권의 책은 단, 하루만 투자해도 그 사람 인생의 경험과 지혜를 배울 수 있으니 얼마나 값진 일인가? 하루 3시간, 만 원대로 자신의 인생이 송두리째 바뀔 수도 있다면 책 사는 돈을 아까워할까? 만 원대의 가격에 한 사람의 인생의 지혜를 깨닫는 일은 대단한 행운이다. 책을 사는 것에 돈을 아끼는 사람들은 자신의 인생을 바꾸고 싶지 않은 것이고 현실에 안주하며 살아가고 싶은 것이다.

사람들은 대부분 자신이 살아온 인생을 평범하다고 생각한다. 책을 쓴다는 것은 대단히 성공한 사람만이 가진 자격이라고 생각해서 엄두조차 안내는 경우가 많다. 하지만 자신이 살아온 인생의 경험은 글로 썼을 때 그 무엇 하나 소중하지 않은 것이 없으며 당신의 이야기를 통해 누군가는 용기를 내고 새로운 도전을 할 것이다. 하루하루 힘겨운 삶에 지쳐 삶을 포기하고 싶어 하는 누군가에게 작은 희망의 단서가 되어주거나, 한 발짝 더 나아가는 힘을 줄 수 있다고 생각해 보라. 자신의 평범한 이야기가 활자로 바뀌고 책으로 탄생했을 때 특별한 이야기가 누군가의 인생을 바꿀 수도 있다는 사실을 알아야 한다.

18세 때 한비야를 책으로 만났을 때 나는 인생의 목표가 처음으로 생겼고 20대 초반에 디자이너 카림 라시드를 실제로 만나고 내 전공과 커리어의 방향이 정해졌다. 30세 이후에는 주변의 만나는 사람에 따라 어떤 책을 읽느냐에 따라 에너지가 바뀌는 경험을 했다. 지금은 그 영향력을 알고 있기에 아무나 만나지 않고 아무 책이나 읽지 않는다.

평범함을 위대함으로 바꾼 많은 사람들의 특징은 자신만의 특별한 스토리를 담아낸 저서를 가지고 있다. 자기 일에 대한 철학과 생각을 표현하는 가장 좋은 방법은 책을 펴내는 것이다. 자신의 영역에서 어떤 실패의 과정을 겪으며 성장해 왔는지 써내는 것만으로도 독자들에게 희망을 주고 감동의 기쁨을 선물할 수 있다.


나는 책을 쓰기로 마음먹은 순간부터 매일 A4용지 2장, 하루 1시간 글쓰기를 목표로 실행하고 있다. 내 인생에서 가장 의미 있는 일이 무엇일까? 내가 6개월 후에 죽는다면 나는 지금 무엇을 할까? 라는 고민의 답은 내 인생의 절반쯤 왔을 때 책을 쓰자는 결단이었다. 사람은 죽지만 책은 살아 있다. 우리가 수많은 유명한 사람들과 위대한 위인의 지혜를 배울 수 있는 것은 그들이 책으로 자신의 인생을 기록했기 때문이다.


책을 쓰는 것은 하루 A4용지 2장 쓰기를 100일 정도만 실행하면 되는 쉬운 일이지만, 인생의 우선순위에서 밀리기 때문에 누구나 쉽게 쓰지 못하는 일이기도 하다. 어려운 일일수록 목표를 잘게 쪼개고 쉽게 생각하는 것이 가벼운 마음으로 해나갈 수 있다. 새벽에 아무도 방해하지 않는 시간과 공간에서 글을 쓰는 것도 방법이다. 오후에는 예상치 못한 일들이 생기거나 멘탈이 무너지는 때도 있지만 새벽에는 아무도 방해하지 않는 시간이기 때문에 하루에 A4 2장만 채우자는 생각으로 글을 써 내려갔다. 집중이 잘 안될 때는 기분이 좋아지는 카페에 가서 글을 쓰는 경우도 많았다.

인생에 책 한 권 쓰고 싶다는 버킷리스트를 만들어놓는 사람들은 많지만 대부분 그 목표를 미루고 있을 것이다. 그만큼 책 쓰기는 다른 중요한 일들에 밀려 쉽게 결과를 만들어 내지 못하는 힘든 일이기도 하다. 주변에 책을 쓰고 싶다는 사람들은 가끔 있지만 지금 당장 책 쓰기를 우선순위로 두고 실행하는 사람은 드물다. 그렇기에 당신이 책을 쓰겠다는 마음을 먹는 순간 당신은 상위 1%가 될 수 있는 것이다. 바쁘게 돌아가는 인생에서 한 권의 책을 쓰는 걸 우선순위로 둬보자.

당신의 스토리를 통해 사람들은 감동하고 당신의 브랜드 가치는 10배 상승해 더 좋은 일들을 끌어당길 것이다. 당신의 몸값은 당신 스스로 올려야 한다. 다른 사람과 똑같은 한 줄의 스펙이 아닌 나만의 차별화된 책을 한 권 써내는 것이 똑같은 자격증과 똑같은 학위보다 훨씬 큰 가치를 갖게 된다. 책은 나의 삶을 스토리로 만들어 전국 서점에 팔리게 만들어 수많은 독자의 인생을 뒤흔들 정도의 멘토가 되어 줄 수 있다. 지금은 책을 쓰고 강연하고 SNS로 자신의 가치를 브랜드로 만들 수 있는 1인 크리에이터의 시대이다.

책을 쓰는 이유는 나의 가치를 남들과 차별화할 수 있기 때문이다. 같은 서비스나 제품도 판매자에 따라 각기 다른 가치를 가지게 되지만 인터넷으로 브랜드의 가치를 모두 알리기에는 부족하다. 자신의 브랜드를 구축하고 싶은 분들은 반드시 책을 쓰라고 권하고 싶다. 책을 쓰게 되면 내가 고객들을 만나기 위해 직접 뛰어다니지 않아도 되고 나의 가치를 알아봐 주는 결이 비슷한 사람들하고만 일할 수 있게 된다. 나와 에너지가 맞는 사람들을 끌어당길 수 있기 때문이다. 책은 최고의 권위를 가진 브랜딩 도구이다.

자신의 인생의 나침반이 흔들릴 때마다 인생의 스토리를 담은 한 권의 책은 다시 방향키를 잡고 앞으로 나가게 될 것이다. 지금이야말로 책 쓰기를 시작할 가장 좋은 때이다. 더 이상 내일로 미루지 말고 오늘 A4 2장의 책 쓰기를 시작한다면 당신의 브랜드 가치는 10배로 상승할 것이다.

# DESIGN
# A DREAM
## *with your*
# BRAND

# 꾸준히 사랑받는
# 브랜드로 남는 길

DESIGN A DREAM *with your* BRAND

# 1.

## 브랜드 5년 시각화 로드맵을 만들어라

『파이브』 저자 댄 자드라는 미국의 한 연구 결과에 따르면 성공한 기업 10%와 실패한 기업 90%를 가르는 기간은 단 5년이며, 그 5년을 얼마나 전략적으로 활용하느냐에 따라 전체의 방향성이 완전히 달라진다고 한다. 인생 전반을 바꾸기 위한 성과가 나타나는 데도 5년이라는 시간이 필요하다.

5년 만에 미켈란젤로는 '시스티나성당벽화'를 그렸고 셰익스피어는 5년 동안 4대 비극 『햄릿』, 『오셀로』, 『리어왕』, 『맥베스』 등 불후의 명작 5편을 완성했다.

아마존 창업자 제프 베조스는 서른 살 때 13평도 안 되는 아파트에 살고 있었지만 5년 후 그의 순수익은 100억 달러가 되었다.

5년 시각화 로드맵의 핵심은 '나는 이 일에 내가 가지고 있는 모든 재능을 활용하고 열정적으로 헌신할 수 있는가?'에 대한 질문에 답하는 것이다.

이 질문이 필요한 이유는 자신을 설득하기 위해서이다. 지금 당장 이 것을 해야 하는 절박한 이유를 자신에게 설득할 수 없다면 인생의 변화 는 불가능하다. 사람은 현재의 편안함에 안주하고 싶은 게 본능이다. 5년 후의 시각화 로드맵을 만들어놓고 매일 아침저녁으로 보게 되면 뇌 는 불편함을 감수하고도 행동하게 되어 있다. 5년 뒤의 목적지는 자신이 진심으로 바라는 곳이어야 한다.

자신이 가장 하고 싶은 일을 하면서 보상을 받는 일, 즉 자신의 재능을 발견하고 개발하여 세상에서 도움이 되는 존재가 되는 것, 이를 통해 시 장에서 자신의 재능의 가치를 올리는 것을 목표로 하는 것이어야 한다. 좋은 집에서 사는 것, 좋은 차를 타는 것, 자산을 모으는 것은 부차적인 선물일 뿐 목표가 되어서는 안 된다. 이런 것들은 지속적인 동기가 되어 줄 수 없다.

나는 5년 후 가고자 하는 목적지를 미리 '꿈의 명함'으로 만들어 나의 미래를 그려본다. 명함이 생겨야 나의 브랜드가 실체가 된 상상이 더 뚜 렷해지기 때문이다. 아직 시작도 하기 전에 현실화가 된 것처럼 상상할 수 있다면 그 미래는 현실이 될 수 있다고 믿는다.

『시크릿』, 『꿈꾸는 다락방』, 『미라클맵』, 『상상의 힘』 등 시각화가 꿈을 이루는 데 얼마나 중요한 역할을 하는지는 이런 책들을 통해 많이 들어 봤을 것이다. 왜 시각화하면 목표가 실현되는 것일까? 뇌에는 '목표 지향

체제'라는 것이 있어서 명확한 목표를 설정하면 이를 이루기 위해 집요하게 노력하게 된다. 목표가 구체적이고 시각적으로 분명할수록 뇌에서 이를 더 명확하게 인지하기 때문이다. 인간의 뇌는 상상을 하면 24시간 내내 쉬지 않고 매초 1,000만 비트의 정보를 처리하면서 답을 찾는 슈퍼컴퓨터와 같다.

나는 나의 꿈을 담은 이미지들을 모아서 영상으로 사진으로 글로 만들어 놓고 매일 보기도 하고 적기도 하며 잠재의식에 스며들게 만든다. AI로 영상을 만들어주는 프로그램 'Vrew'는 대본을 넣으면 자동으로 영상 한 편을 완성해준다. 나의 인생 스토리를 담은 10분짜리 영화를 만들어 매일 아침, 저녁으로 보면 잠재의식에 스며든다. 나를 매료시키는 이미지와 꿈이 생각날 때마다 끊임없이 업데이트한다. 내가 원하는 꿈(목표)을 정해 적어놓고 100일 후, 5년 후, 10년 후 꿈을 매일 적으며 상상한다. 매일 내가 보낸 시간은 목표를 향한 시간이어야만 하기에 오늘 시간을 어떻게 썼는지 매일 기록한다. 3개월 단위로 목표〉실행〉결과〉평가하는 시간을 갖고 개선점을 찾는다. 쓰는 행위에는 큰 힘이 있다. 매일 기록하면 반드시 그에 맞는 행동을 하게 되어 있다. 누군가는 쓸 시간에 일하는 게 더 낫지 않냐고 생각할 것이다. 하지만 자신의 목표가 무엇인지 인지하고 하는 일과 그냥 하는 일은 결과가 다를 것이다.


내가 노트를 쓰기 시작한 건 20년 전이었던 것 같다. 원하는 학교를 가고 싶어서 상상했던 캠퍼스를 걸어 다니는 꿈을 미리 상상해서 노트에 적었다. 그 이후에도 나만의 브랜드를 창업하는 일, 이상형과 결혼하는 일, 예쁜 아이를 낳는 일, 책을 쓰는 일, 살고 싶은 집, 모두 상상하고 적었을 때 그 꿈이 현실이 되었다. 나는 기록과 상상의 힘이 얼마나 중요한지 알게 되었다. 그 후에도 나는 수많은 작은 꿈들을 종이에 적고 상상하면서 기적과 같이 이루어지는 경험을 많이 하게 되었다. 『시크릿』이라는 책이 히트하기 전부터 나는 상상의 힘을 알고 있었던 거 같다. 5년간의 브랜드 로드맵을 만들어놓으면 중간에 길을 헤매더라도 내가 어디쯤 와 있는지 로드맵을 보고 다시 길을 찾을 수 있다.

『생각의 비밀』 김승호 회장은 꿈이 있으면 반드시 종이 위에 적어야 이루어진다는 말을 강조한다. 자신은 명함에 20가지 정도의 꿈의 목표를 정해놓고 그것을 매일 들여다보면서 모든 꿈을 이루어왔다고 한다. 꿈은 종이 위에 적었을 때 물리적인 힘을 가지며 그것이 실체화되기 시작한다. 나 또한 명함형태로 브랜드의 로고와 내가 이루고 싶은 가치와 꿈에 대해 뒷면에 20가지를 적어놓는다. 나도 김승호 회장의 말을 듣고 난 후 명함 뒤에 20가지의 목표를 적어 들고 다닌다.

『그대, 스스로를 고용하라』는 20년 전에 나온 책이지만 아직도 많이 읽힐 정도로 직장인에서 1인기업으로 가는 길에 대해 잘 설명해놓은 책이다. 이 책에서 힌트를 얻었다. 출발점에서 도착지까지의 경유지 사이에 6개월~1년 단위로 성과를 만들어 낼 만한 목표를 짜두는 것이 좋다. 이 정표를 만들어놔야 내가 바라고 있는 곳으로 가고 있는지 확신을 가질 수 있다. 확신을 가질 수 없으면 지속성을 유지하기가 어렵다. 정해진 일정에 각 경유지에 잘 도착했는지 기준을 만들어야 한다. 업계에서 이론과 실무를 겸비한 영향력 있는 사람이 되었는지 그 기준을 어떻게 알 수 있을까? 관심 분야에 관련된 책 10권을 읽고 나만의 언어로 정리한 후, 책 1권으로 1년에 한 번씩 출판하고 관심 분야와 관련된 멘토 10명을 만난다는 목표를 세운다.

자신의 영역에서 두각을 나타내려면 자신있게 추천할 수 있는 저서와 자신감 있는 강의, 누구에게나 바로 설명할 수 있을 정도의 전문성이 반드시 필요하다.

목표를 이뤄나가는 경유지마다 그에 맞는 보상을 주는 것도 좋다. 그때, 좋아하는 여행, 옷, 차 등 자신이 좋아하는 걸로 선물을 해주자. 일의 성과 자체가 보상이지만, 자신이 좋아하는 물질적인 보상이 있어야 과정 중간중간에 지치지 않고 나아갈 수 있다.


나는 내가 만든 브랜드의 로드맵뿐만 아니라 인생 로드맵도 주기적으로 업데이트한다. 내가 지금 부러운 이미지들, 내가 되고 싶은 것, 하고 싶은 것, 갖고 싶은 것 등의 이미지를 계속 모으고 책자로 영상으로 글로 기록해 놓으며 매일 보는 것이다. 또는, 내가 원하는 이미지들을 10분의 '보물지도' 영상으로 만들어 목소리로 녹음해놓고 부정적인 생각이 들 때마다 틀어놓고 기분을 전환한다. 계속 보다 보면 잠재의식에 깊이 각인되어 그 꿈을 향해 오늘 내가 해야 할 일들을 계속해서 해나갈 수 있다.


새해가 되면 목표를 세워놓고 작심 3일도 안 되어 내가 무슨 목표를 세

왔는지도 잊는 경우가 많지 않은가? 10년 단위씩 내가 원하는 비전과 꿈을 이미지로 만들어 놓는다.

20대에는 내가 원하는 학교와 회사에서 좋아하는 일을 하는 것이 목표였다.

30대에는 나만의 브랜드를 만들어 좋아하는 일로 창업하는 것, 이상형과 결혼하는 것, 예쁜 아이를 낳는 것이었다.

40대는 꿈과 욕망의 크기는 독서로 인해 100배나 커져 버렸지만, 꿈이 클수록 로드맵을 만드는 것이 더 재미있어진다. 내가 만든 브랜드가 사람들에게 도움이 되는 일을 하는 것, 100만 명의 사람들의 삶에 꿈의 영감을 주는 메시지를 전하는 것이 목표이다.

50대에는 내 분야의 전문가로서 확실한 차별화를 만드는 것과 책을 10권 이상 집필하는 것, 운동으로 인해 단련된 몸과 정신의 건강, 가족들과 세계여행을 하며 유학하고 미국, 파리에서 1년 동안 살아보는 꿈을 그려놓았다.

60대에는 전 세계 어려운 사람들을 위해 봉사하는 사진, 도서관을 지어 꿈을 키울 수 있게 하는 일 등 시각화 로드맵에 넣었다. 강연을 통해 전 세계 사람들에게 희망을 주는 일도 포함했다.

70대 이후에는 좋아하는 그림, 여행작가가 되어 타샤 튜더 할머니처럼 사는 삶을 꿈꾼다. 아마, 100세 인생이기 때문에 내가 그려놓은 로드맵은 2배의 시간이 걸릴지도 모르겠다.

그렇다고 해도 시간은 아직 충분하니 모든 꿈을 이룰 수 있다고 믿는다.

SNS에서 다른 사람들의 겉모습만 보며 자괴감과 부러움만 느낄 것이 아니라, 그럴 시간에 나의 브랜드와 꿈의 로드맵을 만들어보고 한 번이라도 더 들여다보자. 이 로드맵으로 가기 위해 남의 삶을 들여다보며 부러워하고 질투할 시간이 없어진다. 사람들은 대부분 부정적이기 때문에 자신의 로드맵을 만들지 않는다. 지금 현실에 불평하지만, 더 나아지려는 생각은 하지 못한다.

어떤 사람이 코끼리 농장을 지나가다가 네다리 중 하나에 묶여 있는 가느다란 밧줄이 전부인 코끼리를 보았다. 조금만 힘을 쓰면 언제든 끊어버리고 도망갈 수 있어 보였다. 하지만 코끼리는 꼼짝도 하지 않고 얌전히 묶여 있었다. "저 코끼리들은 왜 탈출을 시도하지 않는 건가요?"

조련사가 답했다. "어려서 덩치가 조그마할 때부터 똑같은 굵기의 밧줄에 묶여 있었습니다. 당시에는 끊고 도망갈 수 없었습니다. 그런데 아직도 저 밧줄 하나에서 결코 벗어날 수 없다는 생각에 사로잡혀 있습니다. 그래서 도망가려는 시도와 노력을 아예 해보지도 않습니다."

코끼리가 탈출하지 못하는 오직 한 가지 이유는 "불가능하다."라는 자기 자신의 고정관념에 갇혀 살아왔기 때문이었다. 사람도 마찬가지다. 고정관념에 사로잡히면 어떤 일도 성취할 수 없다.

꿈은 크고 원대하게 가져야 한다. 자기 삶은 자신이 상상하는 것, 그 이상이 되기 어렵기 때문이다. 누구라도 한 번뿐인 인생 멋지게 살고 싶지 않은가? 세상의 어떤 밧줄이 자신을 옭아매더라도 이루고 싶은 것을 달성할 수 있다는 믿음을 가져야 한다. 이때, '시각화 로드맵'을 이용해

한 단계씩 꿈을 위한 한 걸음을 내딛는 것이다.

계속해서 이 로드맵을 가슴에 새기고 또 새겨라. 언젠가 반드시 그 꿈은 이루어진다. 생생하게 꿈꾸고, 치열하게 실행하고, 처절하게 실패하자. 계속 반복해도 오뚝이처럼 다시 일어나다 보면 꿈은 마침내 현실이 된다.

# 2.

## 팬덤을 단계별 프로세스로 구축하라

우리는 브랜드에서 자발적으로 하는 광고보다 주위 사람들이 사용해 보고 추천해 주는 상품이나 서비스를 더 신뢰하는 편이다. 입소문 마케팅은 일반적인 광고 매체보다 몇 배나 더 효과적이며 정확한 타깃층이 있어 인플루언서 마케팅은 소기업부터 대기업까지 가장 효과적인 광고로 주목받고 있다.

오늘 내가 먹은 음식이나 다녀온 곳, 사용한 상품에 대한 평가를 SNS에 기록하는 것은 이제 일상이 되었다. 이런 인친, 이웃들의 사진을 보고 같은 상품을 구매하거나 그 공간에 가보는 일도 적지 않다. 이렇게 자연스럽게 노출되는 홍보 효과는 엄청나다. 뒷광고가 유행했을 때도 우리는 인플루언서의 일상인 듯 보이는 광고에 이끌려 많은 돈을 썼을 것이다. 이 마케팅 방법은 작은 브랜드에서도 홍보 효과가 크기 때문에 잘 활용해야 한다.

창업을 시작할 때 많은 분이 인스타그램 공식계정을 당연히 만들어야 한다고 생각할 것이다. 물론, 인스타그램을 통해 내 사업을 홍보하고 알리는 노력은 필요하지만, 인스타그램을 키우는 데는 어느 정도의 시간과 노력이 필요하다.

인스타그램 계정이 없거나 팔로우 수가 적어도 고객 또는 인플루언서들이 자발적으로 홍보를 할 수 있는 방법은 어떤 게 있을까? 첫 번째는 인증 후기를 SNS에서 하도록 만드는 것이고 두 번째는 기억에 남을만한 특별한 이벤트를 만들어주는 것이다.

안경을 온라인에서만 구매할 수 있는 와비파커 브랜드는 5가지의 안경을 고르면 고객의 집으로 배송한다. 5가지 안경 중에서 가장 마음에 드는 안경을 하나 고르고 자기 눈 정보를 입력하면 2주 후에 맞춤 제작된 와비파커의 안경을 받을 수 있다. 여기서 두 차례의 배송과 한차례의 반송 3번에 걸친 배송비용은 모두 와비파커에서 부담하지만 안경 가격이 일반 매장보다 절반 이상 싸다. 안경을 마음껏 써볼 수 있는 오프라인 경험을 대체하기 위해 고객들의 안경 착용 인증 후기를 SNS에 올리게 했다. #와비홈트라이온 해시태그를 달면 와비파커에서 댓글로 조언을 달아 고객과 대화한다. 매장에 방문했을 때와 같은 효과이다. 이렇게 조언과 추천을 받은 고객들의 구매 전환율은 높아졌고 와비파커는 무료에 가까운 비용으로 고객 주도 바이럴 마케팅을 성공적으로 끌어냈다. 이 모델을 통해 미국의 안경 독점 시장을 무너뜨리면서 〈패스트컴퍼니〉가 꼽은 세계에서 가장 혁신적인 기업 1위에 선정되기도 했다. 이 사례를 통해 인스타

와비파커 안경

그램 공식계정이 없어도 인스타그램으로 마케팅할 수 있다는 생각의 전환을 해볼 수 있다.

두 번째는 기억에 남는 이벤트를 만들어 고객이 자발적으로 후기나 인증을 남기게 하는 방법이다. 29cm은 천만 원 이벤트를 기획했는데 '오직 한 사람'에게만 1천만 원 마일리지를 제공하는 이벤트를 열었다. 당첨자는 1천만 원을 제시한 기간 내에 몽땅 써야 한다는 미션을 붙였다. 3번의 이벤트를 열었는데 첫 이벤트에서 제시한 시간은 한 달, 두 번째에서는 하루, 세 번째에서는 한 시간 안에 써야 하는 미션으로 난이도를 높여갔다. 마치 게임처럼 사람들은 도전 욕구를 불러왔다. 모집공고 또한 '1천만 원을 한 달 안에 몽땅 쓸 수 있는 사람을 찾는다'는 메시지를 포스터에 담았다고 한다. 이벤트의 기간도 단 하루라는 제한적인 상황을 만들어, 사람들이 즉각적으로 참여하고 행동할 수 있도록 이끌었다. '내가 이 이벤트에 당첨이 될까?'라는 고민을 하기 전에 '단 하루니까 일단 참여하자'는 심리를 이용한 것이다.

재밌는 이벤트를 통해 고객들은 공유 횟수도 높아졌고 사람들은 미리 1천만 원 상당의 물건을 장바구니에 채워 놓음으로써 자연스럽게 다양한 카테고리의 상품들을 경험하게 된 것이다.

이렇게 3년간 3번의 이벤트를 통해 100만 명이 이벤트 페이지를 방문했고 신규회원 10만 명이 앱을 통해 이벤트에 참여함으로써 이벤트의 목적 신규회원확보를 달성하게 된 것이다.

필립 코틀러의 저서 『필립 코틀러의 마켓 4.0』에서 팬덤이 만들어지는 방법을 설명한다. 인지 단계에서 제품이나 브랜드를 알게 되고 호감 단계에 좋아하게 되어 호기심이 일어난다. 질문단계에서 확신을 얻고 행동, 즉 구매하게 되고 다른 사람에게 추천하게 되는 옹호 단계로 연결된다.

이 단계의 고객은 지지자가 되며 이때 이들을 발굴해서 육성해야 팬으로 발전시킬 수 있고 그들만의 문화를 구축하도록 도우면 브랜드 팬덤을 만들 수 있다고 한다.


작은 브랜드는 이런 아이디어를 내는 데에도 여유가 없다고 생각할 수도 있지만 작은 아이디어부터 일단 실행해 보고 그 효과를 경험하게 되면 아이디어의 폭이 계속 확장되는 것을 경험할 수 있다.

나는 향초 브랜드를 운영했을 때 핸드메이드였기 때문에 제품을 만드는 데 최선을 다했고 포장하는 데도 공을 더 들여 시간이 정말 오래 걸렸다. 택배박스도 핑크컬러로 조금 더 비싼 박스로 골라 처음 택배박스를 받았을 때 설렘을 주려고 노력했다. 정성스럽게 쓴 손 편지까지 더해지면 고객은 감동하고 감동적인 리뷰로 보답한다. 후기를 받으려는 마음보다는 그 많은 제품과 서비스 중에 나의 것을 선택해 준 것에 대한 고마움을 전하는 마음이면 충분하다.

제품 자체로 고객에게 감동을 주는 것이 먼저이고 그 다음 디테일한 부분까지 신경을 써야 고객은 이 제품을 브랜드라고 인식하고 팬이 되어주며 리뷰를 써준다.

그 마음이 전해지면 고객은 충성 고객이 되며 지인들 선물까지 재구매를 했고, 주변 사람들에게 추천까지 하며 입소문을 내주기도 했다. 고객 한 명에게 최선을 다하면 그 마음이 퍼져나가 100명의 고객을 불러온다는 사실을 항상 기억하고 최선을 다해야 한다.


고객들이 찾아와 대부분 만족도가 높았지만 가끔, 말도 안 되는 이유로 불만을 가진 고객들이 생긴다. 그때 고객의 입장에서 생각하고 문제를 해결해 줄 때 불만이었던 고객은 자기 뜻이 받아들여지면 더 만족을 느끼고 SNS에 자랑하고 홍보하는 것을 보았다. 때로는 조용한 고객보다 까다롭고 말이 많은 고객들이 입소문을 잘 내는 경우가 많다.

그들이 까다롭고 질문이 많다고 해서 귀찮아하지 말고 잘 대응해 주어 그들의 마음까지 사로잡으면 그 고객은 감동하고 스스로 입소문을 내고 홍보를 해준다.

재구매를 해주는 고객들, 많이 구매하는 고객들을 따로 관리해서 생일 때 선물을 보내주거나 이벤트를 통해 VIP 고객들을 따로 관리하는 것이 좋다. 특히, 작은 브랜드는 주인의 작은 배려가 매출에 크게 작용하기 때문에 친절함과 배려, 고객과 즐거운 소통은 필수이다. 기회는 언제 어떻게 다가올지 모른다. 언제 어디서나 내 일에 최선을 다하고 누구를 만나든 마음을 다하는 태도와 마음가짐은 고객을 끌어당기는 열쇠이다.

# 3.

## 덕후를 사로잡는 굿즈로 승부하라

'굿즈' 하면 생각나는 브랜드는 스타벅스이다. 스타벅스 고객들은 다이어리를 받기 위해 음료를 1년 내내 구매한다. 스타벅스는 문화와 디자인이 구현된 굿즈의 가치에 집중해 고객을 팬으로 만드는 데 성공했다. 하나의 히트상품을 만들어 다수의 고객에게 대량 판매해서 높은 수익을 거두기는 쉽지 않은 시대가 되었다. 소비자의 취향은 점점 더 까다로워지고 갈수록 개인화되고 있으며 수많은 경쟁자들이 앞다투어 흥미로운 제품을 판매하기 때문에 더 좋은 히트상품을 매번 만들어 낸다는 것은 쉽지 않다. 이제는 소수의 팬을 길러내서 그들을 집중하여 관리하는 것이 브랜드파워를 만드는 핵심 전략인 시대가 되었다. 이를 위해서는 독특한 굿즈를 개발하여 덕후들의 수집 욕구를 충족시켜주어야 한다. 덕후들은 한정된 기간에 한정된 수량으로 된 수집품을 가졌을 때 강한 애착을 느끼게 된다. 이를 타인에게 공유하며 자랑하고 이를 통해 자기 수집력을 인정받고 싶은 과시 욕구가 있기 때문이다.

스타벅스 굿즈는 늘 화제가 되는데 이를 받기 위해서는 스타벅스 음료 17잔을 마시고 온라인 스티커를 받아야 한다. 스티커를 모두 받아도 바로 살 수 없다. 구매 '자격'이 생기는 것이다. 늘 확인하고 근처 매장으로 줄을 서도 갖기가 힘들다. 스타벅스 스티커를 모으면 '마이홀리데이매트'를 사은품으로 준다고 했다가 재고가 소진되어 국회와 공정위의 점검을 요청하기도 했다. 정부의 눈치와 고객의 소리에도 스타벅스는 굿즈 이벤트를 계속 진행하고 있다. 이런 논란에도 스타벅스 굿즈에 열광하는 이유는 '희소성' 때문이다. 스타벅스를 찾는 이유는 커피 맛보다도 로고가 주는 '과시'에 가까운 심리가 있기 때문이다. 스타벅스 덕후들의 SNS 계정에 가보면 그들이 수집한 굿즈를 공유하고 있다. 해당 지역에서만 판매하는 스타벅스 마그넷을 수집하고 한정판매 제품들을 시기마다 구매해서 인증사진을 올리는 덕후까지 다양한 형태의 팬덤이 형성되어 있다.

스타벅스의 판매용 굿즈매출은 전체매출의 10%도 못 미치지만, 사은품으로 나간 굿즈는 꾸준하게 스타벅스의 음료 매출을 올려준다. 굿즈를 받기 위해 음료를 구매해야 하는 이벤트를 통해 스타벅스의 매출에 큰 영향을 주고 있다.

국내시장 커피 브랜드 굿즈 성공사례는 '프릳츠'가 있다. 사업초기 로고 디자인할 때 대표가 디자이너에게 '물개라도 상관없으니 아무거나 넣어라.'라고 했는데 진짜 물개를 그려와서 그것이 로고가 되었다고 한다. 물개 로고에 한국 빈티지 레트로감성을 덧입혀 밀레니얼 세대들에게 큰 사랑을 받고 있다. 프릳츠의 사이트에 들어가 보면 3가지 카테고리 중에 굿즈가 있는데 커피보다 굿즈종류가 23가지나 될 정도로 더 많다. 하나하나 너무 귀엽고 사랑스러워서 수집욕을 자극한다. 귀여운 물개 캐릭터와 레트로한 타이포그래피 빈티지한 한국 감성까지 더해져 꼭 프린츠에서 커피와 빵을 먹지 않아도 굿즈를 통해 프린츠의 감성을 느낄 수 있게 만들어준다. 한국 빈티지 감성을 처음 만들어낸 프린츠는 물개 캐릭터 굿즈로 MZ세대에게 빠르게 브랜드로 각인되었다. 커피와 빵을 제공하는 카페를 넘어서 하나의 문화를 만들어 나가고 있는 느낌이다.

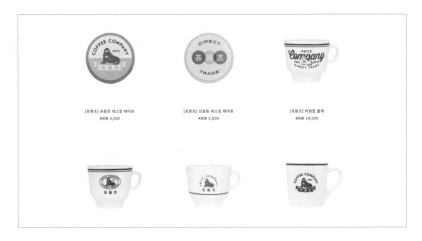

프린츠 홈페이지

침대회사 '시몬스'는 젊은 세대와의 소통을 위해서 성수동에 '시몬스 하드웨어스토어'를 열었다. 다양한 패션 아이템과 문구류 300여 가지를 판매하고 있다. 이 스토어를 통해 SNS에서 고객들은 끊임없이 시몬스 하드웨어스토어를 찍어 공유하고 있다. 이곳은 코로나 시기에 문을 열었지만, 평균 대기시간만 한 시간이 넘을 정도로 폭발적인 인기를 얻고 있다. 침대는 자주 구매하는 제품이 아니기 때문에 MZ세대의 젊은 층을 겨냥한 굿즈를 통해 브랜드 경험을 전달함으로써 침대 브랜드도 팬덤을 만들수 있다는 사례를 보여주고 있다.

시몬스 굿즈마켓

나는 독서 모임 잇북클럽을 만들어 브랜드 관련 책을 읽고 다양한 문화 체험 전시, 브랜드스토어방문 등을 함께하는 프로그램을 기획하였다. 이 모임에 들어온 친구들에게 잇북클럽의 펭귄굿즈와 독서 노트, 챌린지 스티커 등을 나눠준다.

독서 모임은 전국에 수천 개가 있을 것이고 차별화를 위해서는 독서 모임도 브랜딩이 필요하다고 생각했다. 책을 함께 읽으면서도 지루하지 않도록 챌린지 스티커와 노트 펭귄 캐릭터로 책을 읽는 재미를 주고 싶은 마음이었다. 아직 작은 독서 모임 커뮤니티이지만 그렇기에 더 차별화의 수단으로 캐릭터와 굿즈를 정성스럽게 만들었다. 작은 독서 모임을 운영하더라도 굿즈를 활용하면 모임 멤버들에게 소속감과 재미를 부여할 수 있다.

굿즈를 만들 때는 몇 가지 중요한 요소들을 생각해서 만들어야 한다.

첫째, 굿즈 판매 시 수량이나 구매할 수 있는 기간을 제한하는 '희소성'을 부여해야 한다. 굿즈를 수집하는 이유는 다른 사람들에게 자랑하고, 이를 통해 자기 수집력을 인정받고 싶은 과시 욕구가 있기 때문이다. 스타벅스의 굿즈는 한정된 수량과 한정된 기간에 판매하기 때문에 품절 대란을 일으키는 것이다.

둘째, 굿즈에는 수집할 이유 즉 '고유한 가치'를 만들어줘야 한다. 수집한 후 오랜 기간 갖고 있어도 좋을 만큼 퀄리티가 좋아야 한다.

셋째, 새로운 재미가 담겨 있어야 한다. MZ세대들에게 굿즈수집은 즐거운 취미이다. 그들이 관심을 가질 만한 주제를 끊임없이 만들어내야 팬덤화가 가능하다.

넷째, 굿즈를 구매하는 과정에서도 재미를 느끼게 해주어야 한다. 스타벅스는 정해진 기간 동안 전국에 있는 매장을 방문해서 스탬프를 다 모으면 스타벅스 '스탬프 투어' 이벤트를 주기적으로 실시하고 있다.

단순히 굿즈를 제작하고 판매하는 형태가 아니라 팬들이 굿즈를 수집하기 위해 그 과정에서 즐거움을 느낄 수 있도록 굿즈수집과정을 섬세하게 기획할 필요가 있다. 고객을 팬덤으로 만들기 위해서는 그들이 다양한 방식으로 굿즈를 수집할 수 있도록 끊임없이 이벤트를 만들어내야 한다. 그러기 위해서는 벤치마킹할 브랜드를 찾아 그들이 어떻게 희소한 굿즈와 이벤트를 기획해서 고객을 팬으로 만드는지 연구해서 내 브랜드에 적용해보아야 한다.

# 4.

## 오래도록 기억에 남는
## 이벤트를 기획하라

　요즘 브랜드들은 힙스터들의 명소 성수동에서 단기 팝업스토어로 새로 나온 제품을 홍보한다. 고객에게 놀거리를 제공해 주는 체험형 공간 브랜딩이다. 브랜드에게 호감을 만들어주면 제품홍보와 매출은 자연스럽게 올라가며 고객은 브랜드의 충성 고객이 된다.

　여자라면 누구나 선망하는 크리스찬 디올 〈미스 디올 서울전시&팝업스토어〉는 세계적인 미스 디올 전시 작품을 접할 수 있는 행사였다. 입구에 들어서면 가장 먼저 미스 디올 향수의 대형 오브제와 로고가 어우러져 있는 야외정원을 만날 수 있었다.

　지하 1층은 향수 아카이브 존으로 꾸며져 있는데 1947년 미스 디올의 탄생 스토리부터 미스 디올 향수가 탄생하는 데 무한한 영감을 가져다준 그의 여동생 카트린 디올의 사진과 의상 역대 미스 디올 향수의 아카이브와 리미티드 에디션을 볼 수 있는 전시를 보여주었다.

　1층에서는 미스 디올 캠페인&꾸뛰르 드레스 존이다. 나탈리 포트만이

디올 팝업스토어

직접 착용했던 다섯 벌의 아름다운 꾸뛰르 드레스를 캠페인 영상과 함께
만나볼 수 있는 아름다운 전시가 마련되어 있었다.

2층에서는 글로벌 여성 아티스트 6인의 미스 디올 전시&회화 작품 전
시 존이다. 모든 여성이 더욱 아름답고 행복해지길 원했던 크리스찬 디
올의 여성의 아름다움을 보여준다. 예술에 대한 열정을 보여주는 디올
하우스의 정신을 보여주는 아름다우면서도 유니크한 작품들을 볼 수 있
었다.

3층에서는 한국 아티스트 지지수 작가의 작품 전시 존이 꾸며져 있었
다. 삶의 순간마다 경험할 수 있는 아름다움과 기적을 꽃의 부활로 표현
하며 'Miracle rose from heaven' 시리즈를 만들었다.

팝업 스토어에서 제품을 구입하면 미스 디올 밀레피오리 정원을 즐길 수 있는 루프탑에 입장할 수 있는데 파란 하늘 아래서 음료를 마시며 즐거운 휴식 시간을 즐길 수 있었다.

이 전시를 체험하는 동안 디올을 더 사랑하게 되었고 아름다운 디올의 역사를 한눈에 볼 수 있다는 것 자체가 감동으로 다가왔다.

성수동에서 열린 〈샤넬 가든 레드카멜리아 세럼 팝업 스토어〉를 들어선 순간부터 샤넬에게 매혹되었다. 작은 디테일 하나하나 전부 샤넬다운 공간으로 꾸며져 있었다. 사전 예약을 통해 샤넬의 카멜리아가 그려진 초대장을 받는다. 카멜리아 꽃잎 채우기 3가지 미션을 완료하면 마실 음료와 선물 증정한다. 첫 번째 꽃잎 미션은 샤넬 코드 앱을 다운로드 가입하는 것이고 두 번째 꽃잎미션은 카멜리아 미디어 아트 전시를 보며 몰입하는 통로를 체험하는 것, 세 번째 미션은 샤넬 카멜리아 세럼의 모형을 들고 인생 네 컷을 찍으면 스티커 사진을 만들어준다. 2층으로 올라가면 제품을 직접 테스트할 수 있는 공간에서 피부진단 테스트도 받아볼 수 있다. 카멜리아의 이미지를 통해 향과 색을 느낄 수 있게 오감을 만족시키는 공간에서 다양한 체험을 할 수 있었다.

이런 아름다운 경험과 추억을 만들어주는데 세상에 모든 여자가 샤넬과 디올을 보며 아름다움을 느끼고 사랑에 빠질 수밖에 없지 않겠는가?
"그 무엇으로도 대체할 수 없는 존재가 되기 위해서는 늘 달라야 한다."
샤넬의 명언이다.

브랜드는 고객에게 그 무엇과도 대체할 수 없는 특별함을 선물해 주어야 한다. 나는 특별한 기념일에 나 자신에게도 친구나 부모님에게도 디올과 샤넬의 화장품과 향수를 꼭 선물한다. 그 어떤 브랜드도 디올과 샤넬을 대신할 수 없다.

온라인 편집숍 29cm는 '29cm 미니쿠퍼 이벤트'를 진행했다. 오직 딱 한 사람에게만 미니쿠퍼 차 한 대를 주는 방식을 선택했다. 29cm가 추구하는 이미지와 가장 잘 맞는 브랜드를 선택했다. 세상에 단 하나뿐인 희소성을 강조했고 경품 수령 시 발생하는 제세공과금 10%도 29cm에서 부담하기로 했다. 이 이벤트에 응모하기 위해서는 앱을 설치해야 하고 당첨되었을 경우 연락을 위해 회원가입이 필수였다. 2주 정도 진행하는 이 이벤트에는 100만 명 이상이 몰렸고 앱 다운로드는 10만 건 이상이 발생했다. SNS에서도 난리가 났다. 페이스북 계정에서는 1만 번의 좋아요가 찍히고 1,900개의 댓글과 1,000회에 가까운 공유가 발생했다. 당시 애플 앱스토어 라이프스타일 부문 1위를 달성했고 무료 앱 중 4위에 도달했다. 당첨자 선정과 경품의 배송까지도 29cm 답게 다른 방식을 택했다.

10만 명이 넘는 응모자 중 한 명을 선정하는 과정을 편집 없이 촬영해 고객들에게 공개했다.

실제 제품 배송 시 사용하는 29cm 배송 박스와 똑같은 디자인을 유지한 채 자동차가 들어갈 만큼의 크기로 제작했다. 직접 배송하며 송장까지 붙였다. 이 과정을 영상으로 찍어 2차 바이럴 요소를 만들었다. 자연스럽게 이 이벤트는 당시 큰 화제가 되었고 사람들의 기억에 오랫동안 남는 이벤트가 되었다.

29cm 홈페이지 미니쿠퍼 이벤트

작은 브랜드는 온라인으로만 운영하는 때도 많아 이런 체험마케팅이 어려운 경우 작은 이벤트를 통해 고객에게 마음을 전하는 방법도 얼마든지 많다.

인스타그램 마케팅으로만 1,000억 매출 화장품 브랜드를 만든 루피움 대표의 계정에서는 수시로 이벤트가 열린다. 이벤트의 1등 선물은 주로 명품 샤넬, 디올의 제품들이다.

제품을 출시하고 구매 완료 댓글을 달면 추첨을 통해 선물을 주는 단순한 이벤트지만 여자들은 명품 선물을 받기 위해 참여도가 엄청나다. 이벤트를 통해 매출은 자연스럽게 올라가고 이벤트에 참여하기 위해 인스타 계정을 더 열심히 보게 된다. 이들은 충성 고객이 되어 자발적 후기와 주변의 지인들에게 입소문을 내주게 된다.

작은 브랜드를 운영하는 대표들은 이벤트로 명품을 주긴 어렵겠지만 작은 선물이라도 고객에게 제대로 만족을 주기 위해 노력해야 한다. 기억에 남을 만한 이벤트를 만들고 그 이벤트를 통해 내 브랜드도 함께 이득을 볼 수 있도록 기획해야 한다.

작은 브랜드에서 왜 충성 고객은 중요할까? 만족을 느낀 고객들은 구매한 상품을 주변 사람들에게 적극적으로 홍보해 주기 때문이다. 고객들은 부탁하지 않아도 자신이 마음에 드는 상품을 구매하고 작은 이벤트를 통해 감동하면 지인들에게 추천하고 자발적 후기를 통해 매출을 올려준다. 어떤 대가도 요구하지 않고 자신이 만족해서 공유하는 것이기에 주변 지인은 큰 신뢰감을 만들어주게 된다. 나도 주변 친구들이나 가족이 추천하면 무조건 신뢰하며 '나도 사볼까 얼마나 좋길래?'라는 심리가 작용한다.

이런 충성 고객을 확보했다면 VIP 리스트를 만들어 특별히 관리하는 것이 좋다. 생각지도 못했을 때 선물을 보내주거나 커피 쿠폰을 보내주면 예상치 못한 선물에 고객은 감동이 밀려온다. 일반고객들에게도 상품을 구매하면 작은 선물이나 손 편지를 같이 보내면 고객은 감동을 하고 한 번 더 기억에 남게 되며 자발적 후기를 남겨줄 가능성이 커진다. 상품을 받을 때의 첫인상은 중요하다. 같은 상품이라도 고맙다는 손 편지와 정성스럽게 포장된 택배박스를 열어볼 때부터 감동이 밀려와야 한다. 손이 많이 가지만 그렇게 했을 때 고객 후기를 더 많이 받았다. 당장은 손해 보는 거 같고 시간도 걸리고 귀찮을 수도 있지만 고객에게 베푸는 마음은 고객 감동으로 이어져 결국은 자신에게 돌아오게 되어 있다.

충성 고객을 만들기 위해서는 다른 브랜드와 차별화된 전략이 필요하다. 작은 브랜드의 이벤트는 고객과 더 친밀해질 수 있는 기회이다. 한 번도 구매하지 않았던 고객에게 내 브랜드를 알리는 기회가 되기도 한다. 가끔 찾아오는 고객을 충성 고객으로 스스로 입소문을 내는 고객으로 만드는 것이 이벤트의 목적이다. 누구나 쉽게 따라 할 수 있는 이벤트보다 자신만의 차별화를 갖춘 이벤트를 기획해야 고객의 기억 속에 오랫동안 기억될 수 있다.

이벤트는 준비하는 사람과 고객이 모두 함께 만족해야 한다. 즐거움과 재미가 있어야 관심을 가진다. 당장 구매하고 싶다는 마음이 들어야 하며 망설이면 손해 본다는 이유를 제시할 수 있어야 한다. 이벤트가 진행될 때 고객들은 브랜드에 더 많은 신뢰와 관심을 가지게 된다. 사람들이 상품을 사들일 때는 상품 자체만 보고 구매하는 것이 아니다. 고객에게 감동을 주는 이벤트는 오래도록 마음에 즐거운 추억으로 남게 되며 자연스럽게 충성 고객으로 전환하는 역할을 한다.

나의 브랜드를 찾아올 수밖에 없는 차별화된 이벤트를 기획해 잠재고
객들의 관심을 끌 수 있다면 성공한 이벤트라고 할 수 있다.

# 5.

## 브랜드 성장의 터닝포인트,
## 리브랜딩하라

처음부터 완벽한 브랜드를 만드는 것은 쉬운 일이 아니다. 완벽함을 만들어내는 실패의 과정이 우리의 인생이며 성공으로 가는 브랜딩의 과정이다. 시대의 트렌드는 계속 변화하고 사람들의 욕구는 점점 더 다양해지고 있다. 그 욕구를 채워주기 위해 계속 내 브랜드는 "무엇이다."라는 정의가 필요하다.

여자들은 인생에 변화가 필요할 때 가장 먼저 헤어스타일을 바꾸고 이미지 변신을 시도한다. 마음의 변화는 외부에서 보이는 이미지에서 영향을 많이 받기 때문이다.

내가 만들었던 향초 브랜드도 처음부터 완벽하게 기획하지 않았다. 일단 시작하고 사람들이 인식하기 전까지는 계속 변화를 추구해 나가며 수정을 거듭한 끝에 사람들이 인식할 수 있는 하나의 이미지를 만들어 나갔다. 처음에 프리마켓에 만들어 나갔던 패키지는 즉흥적으로 캔의 투박

하고 캐주얼한 멋이 좋아서 캔케이스에 크라프트 라벨을 붙여 에코박스에 넣어서 디자인을 완성했었다. 콘셉트를 정하고 디자인을 했다기보다는 가장 제작비가 들지 않으면서도 효과적인 패키징을 하기 위한 하나의 방법이었다. 창업 초기에 비용을 들이지 않고 고객 반응을 테스트하기 위한 수단이었다. 매출이 어느 정도 일어나기 시작하면서 로고와 브랜드 컬러 패키지에 투자하면서 브랜드의 아이덴티티를 구축해나갔다. 창업 초기에는 자금이 넉넉하지 않으면 완벽한 브랜딩을 시도하기가 어렵기도 하고 괜히 '큰돈을 들였다가 실패하면 어쩌지.' 하는 두려움과 불안도 존재한다. 그래서 나는 창업 초기에는 투자를 많이 아끼는 편이다.

대기업이나 중소기업에서는 맞지 않는 방법이겠지만, 소자본창업의 대표들은 아마 사정이 비슷할 것이다. 사람들이 반응이 오기 시작할 때 점점 더 투자를 늘려나가는 방식으로 나는 소자본창업을 해왔다.

브랜드의 느낌을 너무 자주 바꾸면 고객이 혼란이 오는 것이 맞지만 초반에는 관심이 크지 않기 때문에 일단 만들어놓고 뚜렷한 하나의 콘셉트를 찾아 나가는 것도 방법이다.


유튜브의 시작도 마찬가지였다. 처음에는 육아로 일을 못 하게 되자 뭐라도 해야겠다는 생각에 육아 일상을 브이로그로 찍기 시작했고 영상 편집에 재미를 붙이게 되었다. 내가 잘하는 분야 브랜딩 디자인을 어떤 방식으로 어떻게 보여줄 것인가에 대한 고민을 계속했다. 그 고민은 끝나지 않아 어느 날 내가 할 수 있는 로고 디자인부터 올려보자며 즉시 촬영하고 영상을 올렸다. 그 후에는 저절로 관련 콘텐츠들이 계속 생겨나며 유튜브네이밍도 계속 변화가 생겼다. 로고나 컬러 이미지 배경 섬네일 나의 외모나 말투 콘텐츠까지도 계속 수정해나가고 있다. 1년 정도 영상을 만들며 실패의 과정들이 쌓이자 어떻게 하면 성공으로 갈 수 있을지 고민하기 시작했다. 시작하지 않았다면 실패 후 성공으로 가는 방법에 대해 고민조차 할 수 없었을 것이다. 처음부터 완벽하면 좋겠지만 그 완벽이라는 것이 정답이 아닐 수도 있으니 일단 시작하면서 찾아 나가는 방법이 나한테는 가장 잘 맞는 방법이었다.

이런 방법들을 브랜딩의 과정에서 전문용어로 리브랜딩이라고 한다. 리브랜딩이란 소비자의 기호나 취향 환경 변화 등을 고려해 기존 제품이나 브랜드의 이미지를 새롭게 창출하고 이를 소비자에게 인식시키는 활동을 말한다. 성장하는 브랜드는 '리브랜딩' 과정을 꼭 거치게 되는데 마치 아이가 자라면 옷을 새로 사야 하듯이 브랜드도 성장하면 브랜드 이미지를 새롭게 바꿔야 하는 것과 같다.

퍼스널브랜드도 마찬가지로 자신의 지위나 위치에 따라 옷뿐만 아니라 태도, 외모, 말투까지 바꿔야 하는 것과 같다. 리브랜딩 전략을 성공적으로 실행하기 위해서는 우선 부분적인 리브랜딩을 할 것인지, 전체적인 리브랜딩을 할 것인지 정해야 한다.

곰표는 밀가루 브랜드로 40~50대에게 친숙한 기업이다. 1952년에 탄생해 60여 년 동안 밀가루를 만들어온 기업이다. 제과, 제빵 기업에 B2B 거래를 했기 때문에 활발하게 마케팅하지도 않았다. 하지만 곰 캐릭터를 내세워 다양한 상품을 만들어 MZ세대가 좋아하는 레트로느낌의 인싸템이 탄생했다. 곰표 하면 떠오르는 순백색과 곰 이미지를 살려 맥주로 출시해 편의점 맥주의 새로운 역사를 썼다고 할 수 있을 정도로 리브랜딩에 성공했다.

휠라는 포지셔닝의 변화만으로 리브랜딩에 성공한 사례이다. 1990년대에 전성기를 누렸던 휠라는 올드한 이미지를 유지하고 있었다. 이는 소비자들에게 매력적으로 다가가지 못했고 저조한 영업이익으로 이어졌다. 2016년, 휠라는 타깃을 10대로 바꾸고 레트로한 디자인의 저가 신발을 내놓았다. 직영 매장을 줄이고 편집숍을 공략하는 등 10~20대의 구매 채널에 집중하면서 소위 대박을 터뜨리게 된다.

이처럼 브랜드가 가진 것을 충분히 사용하되 이를 트렌드에 맞게 재해석하는 것도 리브랜딩의 역할이다. 리브랜딩에는 기존의 브랜드 아이덴티티를 가져가면서도 새로운 이미지를 성공적으로 안착시켜야 한다는 특징이 있다.

기아자동차는 2021년 1월에 회사 로고 및 사명, 슬로건을 교체하면서 새 출발을 선포하였다. 새 로고를 변경하는데 약 8,000억 이상의 비용이 투입되었다.

기존에는 '기대를 넘어서는 경험을 통해 세상을 놀랍게 하는 힘'을 보여줄 것이라는 목표로 'The power to surprise'라는 슬로건을 가지고 있었다.

리브랜딩 이후 기아는 로고뿐만 아니라 '기아자동차'에서 '기아'로 바꿨다.

'Movement that inspires'(영감을 주는 움직임)라는 슬로건으로 다시 태어났다.

기아는 전기차 시장이 가파른 성장세를 보이는 상황에서 모빌리티로 리브랜딩을 시도한 것이다. 전통적인 자동차 회사의 이미지를 완전히 벗고 친환경 자동차 기업으로의 이미지 변환을 위해서이다. 이런 기아의 계획에 걸림돌은 기아자동차의 기존 이미지였다. 올드한 기업의 이미지는 미래의 모빌리티 사업과는 어울리지 않았기에 과감하게 리브랜딩을 시도한 것이다. 기아는 사명, 로고 및 슬로건을 교체한 후 2021년 277만 대 판매로 매출액 69조 8,700억 원에 육박하면서 사상 최대 실적을 달성했다.

기아 리브랜딩 전/후

리브랜딩 사례가 모두 성공하는 것은 아니다. 미국 전통의 주얼리 브랜드 티파니 앤 코는 2021년 8월, 새로운 옥외광고를 공개했는데 드레스가 아닌 청바지와 티셔츠를 입은 젊은 모델의 등장이었다. 모델은 티파니의 주력상품인 프러포즈 반지가 아닌 트렌디한 주얼리를 착용했다. 광고카피는 한 줄이었다.

'Not Your Mother's Tiffany,' (이제 엄마의 티파니 앤 코가 아닙니다.)

180년 전통의 주얼리 브랜드 티파니의 변화선언이었다. 티파니의 주고객인 '엄마'는 주요 고객이었지만 티파니 입장에서는 한물간 고객이었다. 티파니의 관심은 MZ신흥 명품 소비층으로 고객을 변화하려는 시도였다. 티파니는 젊은 세대의 관심을 끌 수 없다면 아무 소용이 없다고 판단했다. 완전히 새로운 티파니를 보여주고자 스트리트 브랜드 슈프림과 콜라보를 진행했지만, 엄마와 딸 그 누구의 마음도 얻지 못하고 실패했다.

미국의 오렌지주스 회사인 트로피카나는 5개월 동안 리브랜딩 작업에 400억이 넘는 예산을 들였는데 결과물로 오렌지 모양을 한 뚜껑을 이용해 오렌지를 짜는 듯한 느낌을 주는 패키지를 만들었다. 하지만 새로운 패키지를 본 사람들은 트로피카나의 제품이란 걸 인식하지 못했고 짝퉁이라는 반응이 나왔다. 제품의 매출은 한 달 만에 20%가 감소했고 트로피카나는 제품 패키지를 다시 원래대로 돌리기로 했다.

이런 실패 사례는 디자인에 혁신적인 변화를 주는 것이 항상 옳은 것은 아니라는 사실을 보여주는 대표적인 사례가 되었다. 이미 상표나 디자인 자체의 아이덴티티가 소비자들의 정서적 연대감을 만들어온 것이라면 반드시 항상 새롭고 혁신적인 것만이 성공적인 브랜딩 전략이 아니라는 사실을 기억해야 한다. 트로피카나 패키지 디자인 실패 사례를 통해 미국속담에서 "고칠 게 없으면 고치지 마라." (If it ain't broke, don't fit it.) 많이 언급되었다고 한다.

# 6.

# 브랜드의 시너지 효과,
# 협업하라

콜라보레이션은 말 그대로 협업이다. 협업은 '서로 돕는다'라는 사전적 의미를 내포한다. 마케팅에서는 각기 다른 분야에서 지명도가 높은 둘 이상의 브랜드가 손잡고 새로운 브랜드 및 상품을 출시하는 방식을 일컫는다. 일반적인 콜라보레이션은 유명 셀러브리티의 협업, 디자이너와 협업, 캐릭터 협업 등으로 나눌 수 있다.

『조인트사고』라는 책에서 1+1=2명이 아니라 10명의 시너지가 날 수도 있다는 사례를 보여준다. 1+1=3 이상의 효과로 서로의 장점이나 좋은 효과가 극대화되는 시너지 효과를 내야만 협업의 의미가 생긴다. 협업에서 성공하기 위해서는 우리 브랜드와 협업 브랜드의 콘셉트를 잘 알아야 한다. 최근 기업들 사이에서 캐릭터를 활용한 브랜딩이 하나의 트렌드로 자리 잡고 있다. 캐릭터 브랜딩이란, 기업을 대표하는 캐릭터를 활용하여 기업의 이미지를 알리고 상품을 홍보하는 브랜딩 방법을 말한다.

유튜브를 통해 브랜드를 만드는 과정을 처음부터 공개한 '모베러웍스'는 1년도 안 돼서 큰 대기업들과 협업하는 기회를 만들었다. 파트너사의 담당자들은 모두 그들의 팬 '모쨍이'인 경우가 많았고 함께 일하고 싶은 마음 덕분에 큰 기업과 일할 수 있었다. 오뚜기의 누룽지를 현대적으로 재해석한 '밥플레이크'는 제품이 돋보일 수 있는 캐릭터를 만들었다. 모티비 콘텐츠를 통해 모쨍이들과 함께 세계관을 발전시켰고, 이를 담은 패키지를 디자인했다. 오뚜기는 전통적인 식품 회사로서의 전문성과 기술력으로 높은 퀄리티의 누룽지를 만들었다. 서로에 대한 존중을 바탕으로 각자 잘하는 분야를 다루었기에 성공적인 협업을 할 수 있었다. 작은 브랜드가 큰 브랜드와 협업하기 위해서는 기본적인 실력, 매력적인 스토리와 팬덤이 있어야 가능하다. 남과 다른 방식으로 보여줄 수 있어야 한다. 모베러웍스는 큰 브랜드라도 과정을 보여주기 꺼리거나 동등한 관계로 협업을 공개하지 않으면 협업하지 않는 것으로 알고 있다.

대한제분 주식회사 밀가루 기업 '곰표'는 창립 70주년을 맞이하는 오랜 역사를 지닌 기업이다. 갑작스럽게 콜라보레이션 마케팅으로 뛰어든 이유는 브랜드 파워에 대한 위기감 때문이었다. MZ세대에게 곰표의 인지도는 20%였고 이들의 마음을 사로잡을 수 있는 키워드는 '재미'였다. 펀컨슈머는 재미를 추구하는 소비자를 뜻하는 신조어이다. 이러한 관점에서 곰표와 CGV 팝콘은 곰표의 20kg 밀가루 포대에 가득 담아주는 CGV 팝콘은 소비자들의 웃음을 자아내기에 충분했다. 그 후 CU편의점과의 콜라보레이션을 통해 곰표 팝콘은 편의점 봉지 과자 1위 자리를 지키고 있고 곰표 밀맥주와 막걸리는 없어서 못 파는 제품이 됐다.

　오래된 곰표는 캐릭터를 촌스러운 것이 아닌 가장 힙한 걸로 만들었다. '곰표 레트로 하우스'를 열고 곰표 밀가루의 옛 패키지 디자인을 적용한 굿즈를 선보이는 것으로 새로운 도전을 시작했다. 오랫동안 로고였던 백곰도 표곰이 캐릭터로 일으켜 세웠다. 타이밍이 좋았다. 마침 곰표가 젊어지기로 결심한 2018년, 레트로 열풍이 불고 있었다. 지금은 찾아보기 힘든 복고적인 네이밍, 단순하고 투박한 곰표의 디자인은 특별한 것을 찾아 '인증'하는 것을 좋아하는 MZ세대의 니즈와 맞아떨어졌다.

　밀가루 브랜드이니, 맥주도 '밀맥주'로 만들었다. 맥주 제조사 세븐브로이와 손잡고 개발한 곰표 밀맥주에도 곰표 밀가루 포장 특유의 디자인을 입혔다. 올해 쿠캣마켓과 손잡고 출시한 곰표 떡볶이는 곰표 밀가루로 만든 밀떡 제품이다. 한강 주조와 함께 만든 표문 막걸리에는 밀 누룩 효모가 들어갔다. 밀가루 대표 제조회사가 만든 밀가루 콜라보 제품들은 '품질이 좋을 것'이라는 인식까지 더하는 효과를 냈다.

　뷰티 브랜드 스와니코코와 협업한 곰표 밀가루 쿠션은 밀가루처럼 하얀 케이스 제품 겉면에 표곰이 이미지와 '하얘져요'라는 문구를 삽입했다. 실제로 미백 기능성 성분도 넣은 데다, 진짜 '밀가루'가 들어갔다는 소식에 입소문이 이어졌다. 클렌징폼과 핸드크림, '하얀 미소'를 만들어준다는 치약 역시 밀가루의 깨끗한 이미지와 하얀 색상에 주목한 결과물이다. 설거지할 때 기름기를 없애기 위해 밀가루를 사용한다는 사실에 착안해 밀가루 성분이 함유된 곰표 주방세제까지 탄생시켰다.

　곰표가 대한민국 유통업계를 흔들었다. 출시 일주일 만에 30만 개를 완판시켰던 곰표 밀맥주는 이제 2주에 300만 개가 팔린다. MZ세대에게 곰표라는 브랜드를 각인시키려는 의도에 있어 성공을 이루어 냈고 식품, 문구, 패션 등 각종 분야의 브랜드들은 콜라보레이션 전쟁에 돌입했고 지금까지도 계속되고 있다.

작은 브랜드는 어떤 방식으로 협업을 시도해보는 것이 좋을까?

첫 번째는 내가 먼저 함께하고 싶은 브랜드에 제안하는 것이다. 서로 만나 그 결과를 잘 예측하기 위해서는 우리 브랜드의 현재 위치와 협업할 브랜드와 잘 어울릴 수 있는지를 먼저 체크해야 한다. 나는 향수 클래스를 운영했을 때 프리저브드 플라워 클래스를 운영하는 분과 협업을 진행했다. 꽃과 향수를 같이 만들어가면 고객의 만족도가 2배가 되겠다는 생각에 클래스를 기획했다. 시작한 지 얼마 안 된 브랜드는 협업을 한다 해도 당장 효과는 없겠지만, 협업하는 행동 자체가 브랜딩의 한 과정으로 받아들이면 좋다. 클래스 문의가 많았고, 이를 통해 다양한 활동을 활발히 하고 있다는 인식을 고객들에게 심어줄 수 있었다. 협업의 아이디어를 실제로 테스트해보는 좋은 경험이었다.

향수와 프리저브드 클래스 협업

두 번째는 인플루언서의 어깨에 올라타는 것이다. 1만 팔로워 정도의 인플루언서와 협업해 이벤트를 기획하거나 상품 개발, 프로모션을 진행하면 큰 효과를 얻을 수 있다. 평소에 잘 소통하던 인플루언서가 있다면 직접 DM이나 연락으로 제안을 할 수도 있고 없다면 태그 바이, 공팔리터, 미디언스, 크몽 등의 플랫폼을 이용해 인플루언서를 섭외할 수도 있다. 나는 자주 소통하던 1만 인플루언서가 이벤트 소식을 자신의 팔로워들에게 알려주면서 많은 사람이 이벤트 신청해주었고 1만 팔로워를 가지고 있는 인플루언서를 도와주면서 또 2차 홍보가 되었다.

13년 전에 숙명여대 가야금 연주팀과 비보잉 세계 챔피언 팀 Last for one, 비트박스 세계 챔피언이 함께 콜라보한 적이 있었다. 서로 어울릴 것 같지 않은 조합이었는데 아직도 기억에 강하게 남는다. 서로의 개성을 존중하며 각자가 가장 잘하는 것을 하면서도 서로 조화로운 협주를 이루는 것이 진정한 협업의 시너지 효과라고 할 수 있겠다. 협업을 제안할 때 의외로 스스로를 갑이라 생각하고 제안하는 분들이 많다고 한다. 수직적으로 일을 의뢰하는 것이 아닌 함께 협업하는 수평적인 관계의 파트너로 서로를 존중하는 태도는 말 한마디에서도 드러난다. 협업은 한쪽의 일방적인 아웃풋을 만들어주는 갑을 관계가 아니라 서로의 시너지를 위한 결과를 만들어내기 위한 하나의 팀이 되어야 한다는 것을 잊지 말아야 한다.

# 7.

## 브랜드 카테고리를 확장하라

브랜드는 차별화된 정체성이 부여되고 이를 일관적으로 적용할 수 있다면 제품 카테고리를 무한정으로 확장할 수 있다.

"그 무엇으로도 대체할 수 없는 존재가 되려면 항상 남들과 달라야 한다." 20세기 패션의 혁신을 일으킨 샤넬은 내가 가장 존경하는 여성 디자이너이다. 뮤즈가 아닌 자신을 위해 디자인했고, 코르셋과 화려한 장식으로 대변되던 당대의 패션에 모더니즘을 내세워 여자의 옷 입는 방식뿐만 아니라 생각의 틀, 삶을 바라보는 태도를 바꾸는 데도 결정적인 역할을 했다. 루아르강 시장마을에서 태어나 12세에 어머니가 세상을 떠났고 수녀원에서 운영하는 오버 진의 한 보육원에서 자랐다. 방학 동안 물랭에서 조부모와 함께 지내며 바느질 기술을 익혔다. 수녀원의 엄격한 의복은 나중에 그녀를 상징하는 블랙컬러와 실루엣에 영향을 주게 되었다.

샤넬은 에티엔 발장의 후원으로 모자 전문점을 시작으로 세간의 주목을 받기 시작했다. 당시 유행하던 화려한 장식물을 없애고 보터해드에

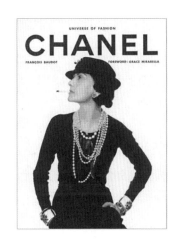

자신의 상표를 붙여 생산했다.

두 번째 연인 카펠의 재정적 지원 받은 샤넬은 캉봉가 21번지에 샤넬모드를 열었다. 단순하면서도 우아하고 세련된 샤넬의 디자인은 파리 전역에서 돌풍을 일으켰다.

파리에서 사업을 확장하기 위해 고심하던 샤넬은 캉봉가 31번지의 건물 한 채를 통째로 사들였고 샤넬 하우스를 대변하는 상징적인 건축물이 되었다. 샤넬의 대형 매장 중 하나인 그곳에서는 옷과 모자, 액세서리, 보석 향수까지 영역을 확장했다. 그녀는 여자의 옷 입는 방식뿐만 아니라 생각의 틀, 삶을 바라보는 태도를 바꾸는 데도 결정적인 역할을 했다.

"여자들이 아름답고 자유로워지길 바랍니다.", "자유롭게 그들의 팔을 움직이고, 빠르게 걸을 수 있도록 말이죠. 그들만의 여유를 가지고요.", "항상 덜어내고, 더하지 마세요."

심플한 리틀 블랙 드레스를 입혀 행

동의 자유를 부여했고, 손에 드는 클러치백 대신 어깨끈이 달린 핸드백을 개발했다. 자신의 주변에서 영감을 주는 것들을 표식으로 활용했는데 더블 c로고, 향수 no.5, 핸드백 2.55 숫자를 붙이며 자신의 영역을 확장해 왔다.

샤넬은 단숨함의 미학으로 드레스 형태의 혁명을 불러왔다. 블랙, 화이트, 베이지를 기본컬러로 사용하여 우아함과 모던함을 만들어냈다. 모자를 시작으로 옷, 액세서리, 보석, 향수, 화장품까지 모든 제품에 일관되게 적용했다. 브랜드의 카테고리를 확장해 전 세계 여성들의 마음을 사로잡는 데 성공했다.


무인양품은 생활에 필요한 잡화를 판매하는 일본의 브랜드이다. 나는 생활용품이 필요할 때 무인양품의 매장을 찾는다. 매장에 가는 것만으로도 힐링이 된다. 매장에 도착한 순간 아로마 향기가 마음을 편안하게 해주고 잘 정돈된 나무 재질의 가구들, 흰색, 회색, 나무색 등의 기본적인 색상이 어느 공간에 놓아도 그 자리의 주인인 양 자연스럽게 스며드는 것이 특징이다.

가격이 합리적인데도 고급스러운 제품을 산 것처럼 기분이 좋아진다. 오래도록 사용해도 질리지 않고 계속 두고 싶어지는 제품들이다. 이런 느낌이 드는 것은 '브랜드가 없이 질 좋은 상품을 만든다'라는 무인양품의 철학이 제품에 고스란히 반영되어 있기 때문일 것이다.

칫솔부터 침대, 테이블, 가전, 가구, 패브릭, 주방, 헬스, 뷰티 아로마, 문구까지 삶에 쓰이는 거의 모든 제품을 선보이고 있다. 40여 종의 제품

7,000여 품목을 취급하는데도 '이것으로 충분하다'라는 브랜드 메시지를 모든 제품에 일관되게 적용하여 많은 품목이지만 모든 제품에서 이미지의 일관성을 유지한다는 점이 놀랍다. 무인양품은 자주적인 삶과 즐거운 생활에 대해 끊임없이 고민하며 성장했고 이제는 '주거'에 대한 사업을 하고 있다. 삶과 생활에서 '집'은 너무나 중요한 공간이고 '집'으로 브랜드의 영역을 확장한 것은 너무나 자연스럽다.

퍼스널브랜드도 하나의 정체성이 만들어지면 무한한 카테고리 확장이 가능하다.

바람의 딸 한비야는 7년간의 세계여행기 『바람의 딸 걸어서 지구 세 바퀴 반』의 여행기를 책으로 써낸 후 『바람의 딸 우리 땅에 서다』, 『중국 견문록』, 『지도 밖으로 행군하라』, 『1g의 용기』 등 10권 이상의 책을 펴내며 자기 삶의 영역을 여행가에서 긴급구호 팀장, 국제학 박사로 전문성을 확장해나갔다.

엄마들의 육아 멘토 오소희 님은 아이와 함께 떠난 여행기, 『엄마 내공』, 『바람이 우리를 데려다주겠지』, 『엄마의 20년』 등 10권 이상의 책을 펴내며 여행과 육아라는 주제로 엄마들의 육아 멘토가 되어 자신만의 육아, 여행 카테고리 영역을 확실하게 구축하였다.

스타강사 김미경 님은 『꿈이 있는 아내는 늙지 않는다』 책으로 엄마들의 꿈에 불을 지폈고 그 이후로 『엄마의 자존감 공부』, 『드림온』, 『리부트』, 최근 신작 『마흔 수업』까지 책을 20년 동안 계속 내오며 여성들이 가장 만나고 싶어 하는 국민 스타 강사가 되었다. 『마흔 수업』 책에서 59세 때 자신의 성적표를 확인해야 한다고 말하며 마흔은 인생에 오전에 해당한다고 여자들에게 희망을 주는 메시지를 책과 유튜브를 통해 전하고 있다. 그녀의 유튜브는 그동안 쌓아왔던 콘텐츠 덕분에 빠르게 성장하며 100만이 넘었고 그녀가 국내 최초로 만든 유튜브 MKYU대학은 8만 명 이상의 가입자를 보유하고 있다.

독서를 주제로 SNS에 기록하기 시작했다면 독서모임 커뮤니티를 만들어 함께 책을 읽는다. 함께 공동저자로 책쓰기 프로젝트를 진행할 수도 있다. 유튜브 채널을 만들고 작가들과의 인터뷰, 책을 통해 꿈을 이룬 사람들의 이야기도 인터뷰할 수도 있다. 네이버 카페를 통해 독서를 통해 성장하고 꿈을 나누는 커뮤니티도 만들 수 있다. 스터디공간, 굿즈 문구류, 커뮤니티, 서점, 출판 등의 카테고리를 계속 확장해나갈 수 있다. 하나의 아이템으로 플랫폼의 확장도 무한한 시대이다.

자신이 가진 경험을 나열해 보면 생각보다 자신이 할 수 있는 일들이 많다는 사실에 놀랄 것이다. 지금까지의 경험 중에 헛된 것들은 하나도 없다. 과거의 내가 점을 찍어왔기 때문에 지금 그 점들을 연결해 선을 만들 수 있는 것이다. 나의 브랜드 카테고리는 어떤 영역에 있으며 그것을 확장하기 위해서는 오늘 당장 무엇을 해야 할까? 지금 나의 환경은 중요하지 않다. 오늘부터 SNS에 자신의 이야기를 하나씩 올려 보자. SNS와 자신의 저서를 통해 자신의 스토리와 경험을 공유하며 소통하다 보면 강연으로 이어질 것이다. 책쓰기와 강연 컨설팅으로 자신의 경험을 상품화할 수 있다면 카테고리의 영역은 자연스럽게 하나씩 확장될 것이다.

브랜딩의 궁극적인 목표는 브랜드 카테고리의 확장이다. 핵심적인 시그니처가 있고 이를 발판으로 카테고리를 확장하는 게 핵심이다. 시그니처가 잘되면 그 후로 뭘 판매하든 사람들이 믿고 살 수 있게 만드는 것이다. 단, 그 브랜드만의 가치가 일관될 때 사람들은 브랜드의 팬이 되어준다.

# 8.

## 온오프라인을 넘나드는
## 경험을 전달하라

요즘은 온라인으로 생활 대부분을 해결하는 세상이다. 배달 앱을 통해 먹고 싶은 음식을 주문하면 1시간 이내에 집으로 배송이 된다. 식자재가 필요하면 저녁에 주문해 아침에 요리할 수 있게 배송되는 편리한 세상에 살고 있다. 나도 대부분의 쇼핑을 온라인으로 해결하지만, 내가 좋아하는 브랜드나 사람은 꼭 오프라인에서 만나고 싶은 욕구가 있다.

오프라인 공간을 방문하면 단순히 제품을 자세히 볼 수 있는 것만이 아니라 매장에서 흘러나오는 음악부터 향기, 청결도, 직원들의 서비스까지 볼 수 있어 브랜드를 오감으로 느낄 수 있기 때문에 온라인보다 고객의 마음을 사로잡는 데 더 유리하다.

남편이 오랫동안 가지고 싶어 했던 아이패드를 구매하러 애플스토어에 방문한 적이 있다. 아이패드를 사면서 남편이 행복해할 모습을 상상하며 나까지 설렜다. 나는 아이패드를 남편에게 선물하는 과정까지 카메

라 영상에 담으며 우리는 그 설렘을 기록하고 함께 행복해했다. 전자기기 중에서 사기전부터 사용 후까지 설렘을 만들어 줄 수 있는 브랜드는 애플이 유일하지 않을까 싶다. 『애플스토어를 경험하라』의 책에서 30분을 기다리고도 5분밖에 기다리지 않은 것처럼 느끼는 애플스토어 고객들의 모습과 20분간 축구 이야기로 수다를 떨고 고작 5분간만 제품 이야기를 나누는 애플스토어 직원의 모습을 소개한다. 그 밖에도 고객을 따뜻하게 맞이하고, 질문하고, 경청하고, 즐겁게 대화하고, 자신감을 심어주는 애플 직원들의 모습이 생생하게 녹아 있다. 이 책이 소개하고 있는 애플스토어 직원들의 모습은 '고객을 어떻게 기분 좋게 만들 수 있는가'라는 질문에 대한 답이자, 애플스토어 오프라인 매장을 통해 올리는 놀라운 매출의 비밀이 담겨 있기도 하다. 애플스토어에서 가장 중요한 요소는 판매를 목표로 하지 않는다는 점이다. 그 대신 고객과 우호적인 관계를 맺고 고객을 행복하게 하는 일에 집중한다. 애플스토어 직원은 자신이 컴퓨터를 파는 사람이라고 생각하지 않는다. 그들은 대화를 통해 고객이 브랜드와 정서적 친밀감을 느끼도록 만드는 훈련을 받는다. 고객과 우호적인 관계를 맺고 고객을 행복하게 하는 일에 집중한다.

스티브 잡스는 이야기했다. "마법 같은 고객 경험을 만들어라. 정신을 차리지 못할 정도로 멋지게!" 고객들은 애플의 제품을 구매하고 난 후 삶이 풍요로워졌다는 느낌을 전달하는 것이 애플스토어의 목표였다.

나는 교보문고 온라인 서점을 이용해 책을 검색하고 구매한다. 가장 많이 들어가 보는 앱은 교보문고 앱이다. 책 덕후라고 할 수 있는데 매일 온라인으로 새로운 책을 검색하면서도, 일주일에 1번은 꼭 오프라인 교보문고를 이용한다. 그 이유는 교보문고에 들어서는 순간부터 내가 좋아하는 책이 가득한 공간에서의 풍요로움이 온몸의 세포로 전해지고 교보문고에서만 나는 향기가 있으며 책을 읽는 사람들이 모여 있는 여유로움과 잔잔한 음악이 나를 행복하게 만들어주기 때문이다. 온라인에서는 내가 검색하는 책들 위주로 편향된 책들만 내 눈에 들어온다면, 오프라인에서는 요즘 어떤 책이 새로 나왔는지 요즘 트렌드는 어떤지 사람들이 어떤 책에 관심이 많은지 어떤 책이 베스트셀러인지를 한눈에 파악할 수 있기 때문이다.

전체적으로 책의 흐름을 보고 난 뒤에는 나의 관심사가 있는 코너로 들어가 새로 읽을 만한 책이 있는지 확인한다. 마지막에는 딱 한 권 가장 마음에 들어오는 책을 고를 때의 희열감이 좋아 집에서도 책을 쉽게 구매할 수 있고 이미 책이 넘쳐나는데도 그날의 기분이나 상황에 맞는 책과 만나기 위해 오프라인 매장으로 가는 것이다. 필요해서 구매하는 소비가 아니라 나에게 주는 특별한 선물이라는 느낌으로 오늘 만나게 될 운명의 책과의 만남을 기대하는 것이다.

　행복을 파는 문구 브랜드 오롤리데이는 '해피어마트'라는 이름으로 성수동에 1호점을 오픈했다. 이곳에 도착하면 유리로 된 물류실을 통해 배송과정을 볼 수 있고 팀원들이 일에 몰두하는 모습도 만날 수 있다. 그동안 유튜브를 지켜봐 온 찐팬이라면 영상 속에 존재하던 팀원들과 실제로 소통할 수 있다는 점이 재미있는 경험으로 다가온다.

　오프라인 매장의 장점을 살리면서도 온라인 구매 혜택을 제공하기 위해 온라인 사이트에 가입만 하면 오프라인에서도 전 제품 7% 할인, 구매 시 적립금 혜택, 구매 후 리뷰 작성 시 추가 적립금 혜택을 주기로 했고 구매한 물건이 무거우면 배송해 주는 서비스도 만들었다.

　매장을 관리하고 운영하는 담당 직원을 '프레젠터'라고 이름을 붙이고 프레젠테이션을 하는 사람이라는 의미를 부여하니 이름이 주는 책임감을 갖춘 사람을 채용할 수 있었다.

　오프라인에서는 온라인에서 느끼지 못하는 브랜드 경험을 디테일하게 설계할 수 있어야 고객이 감동하고 찐팬이 되어준다.


　유튜브에서 브랜드를 만드는 과정을 처음부터 보여주며 인기를 끌게 된 '모베러웍스'는 일하는 방식을 브랜드로 만든 크리에이티브 그룹이다. 이들은 노동절을 가장 중요한 날로 정했고 5월 1일을 절대 놓쳐선 안 되는 날이자 브랜드를 상징하는 날로 정하자고 했다. 노동절 잔치를 만들어보자는 생각으로 라이프스타일 스토어 '오브젝트' 홍대점에 10일간 쓸 수 있는 전시공간이 있었다. 고작 6개월 된 브랜드가 여는 행사였지만 두 낫띵하고 싶은 사람들이 쓸 수 있는 클럽 입단 지원서를 만들고, 벽 하나를 클럽창단 히스토리로 꾸미고, 사람 키만 한 대표 캐릭터 모조도 제작했다. 온라인에서 구독자였던 '모쨍이'들이 모였다.

어떻게 신생 브랜드가 하루 만에 1천 명을 모았을까? 첫 번째 이유는 '소속감'이었다. '스몰워크 빅머니', '렛츠두낫띵' 일할 수 있는 사람만이 느낄 수 있는 노동자들의 공감을 불러일으켰고 공감을 바탕으로 더 많은 사람을 끌어오는 계기가 되었다. 두 번째는 사람이다. 모춘과 규림이라는 듀오를 응원하는 마음으로 시간을 들이고 마음을 쏟아 준비한 행사에 알아봐 준 사람들은 자진해서 친구들을 데리고 온 것이다. 반드시 오프라인 매장이 없더라도 하루 팝업 스토어를 기획해 팬들에게 기억에 남는 이벤트를 만들어준다면 그들은 브랜드의 팬이 되어줄 수 있다.

모베러웍스 노동절 팝업스토어

　나만의 브랜드로 꿈을 디자인하라

작은 브랜드는 어떻게 온오프라인의 경험으로 고객을 팬으로 만들 수 있을까?

고객과의 관계를 계단식으로 만들어 나간다고 생각해 보자. 친구, 연인과 관계에서도 한 번의 만남으로 관계가 지속되지 않는다는 것을 알면 이해하기 쉬울 것이다. SNS를 통해 고객에게 도움이 될 만한 콘텐츠를 지속해서 공유하며 구독자와 팔로워에게 가치를 제공하여 호감을 만든다.

이벤트를 통해 무료 상담, 제품, 서비스를 경험할 수 있도록 하고 고객들의 문제를 들어주며, 고객의 니즈를 디테일하게 파악하여 고객에게 도움을 주는 것이다. 이를 통해 관계를 더 가깝게 만들어 나간다.

오프라인으로 세미나 또는 팝업스토어를 열어 고객들을 직접 만나면 온라인에서 이미 호감이 만들어진 고객들에게 더 디테일하고 세심하게 다가가 관계를 형성할 수 있게 된다. 고객을 행복하게 만드는 브랜드를 경험할 수 있는 프로그램을 기획한다. 저렴한 가격으로 그 금액만큼만 줘야겠다는 생각보다는 제공한 가격의 몇 배로 고객을 감동하게 할 만한 것을 줄 수 있다면 고객은 당신이라는 브랜드에 높은 신뢰감과 호감이 더 높아지게 될 것이다. 여기서, 당신에게 확신이 생긴 고객들은 당신이 제공하는 제품이나 서비스를 구매하게 될 확률이 높아진다.

오프라인 공간의 가치는 온라인에서 충족되지 못하는 무언가를 채우기 위해 애써 나의 공간을 찾아온 고객에게 진심을 담은 서비스와 경험을 제공하고 감동을 주는 것을 목표로 삼아야 한다. 그렇게 한 단계씩 고객과의 관계를 만들어 나간다는 생각으로 천천히 계단을 만들어 나가면 고객들은 자연스럽게 팬이 되어 당신이 만든 브랜드는 꾸준히 사랑받게 될 것이다.

# 9.

## 대체할 수 없는 유일한 존재가 되라

많은 기업이 다양한 분야로 사업영역을 확장하고 신사업에 도전하고 있다. 이제는 하나의 아이템과 서비스만으로는 경쟁에서 살아남기 힘든 급변하는 시대에 살고 있다. 작은 브랜드의 경우 대기업과 접근방식을 달리해야 성공할 확률이 높아진다. 작은 브랜드를 보면 상품군의 범위를 좁히고 디테일에 집중하여 자기다움을 만들어낸다.

서울에서 가장 핫한 베이커리 카페 '런던베이글뮤지엄'은 오픈하자마자 핫플레이스가 되었다. 런던베이글뮤지엄의 웨이팅 방법과 후기가 쌓이며 쉽게 구할 수 없는 한정판처럼 희소성을 만들어 사람들이 더 열광하게 하는 브랜드가 되었다.

나는 제주 여행에서 '런던베이글뮤지엄제주'점에 간 적이 있는데 미리 웨이팅을 어플로 했을 때 200명이 넘는 대기가 있었고 내 차례가 올 때까지 3시간 이상이 걸렸다. 보통의 베이커리 카페를 가보면 모든 종류의 빵들이 전시된 것을 볼 수 있다. 그 빵들은 커피와 함께 잘 팔리긴 하지만 그 카페를 나오는 순간에는 어디였는지 특별히 기억이 나지 않는 경험을 많이 해보았을 것이다.

런던베이글뮤지엄은 '런던', '베이글' 두 가지 키워드로 범위를 좁혔고 이름만으로도 이미 매력적인 콘셉트를 만들어냈다. 런던베이글뮤지엄에 가보면 영국 왕실을 보여주는 포스터, 영어 원서, 영국산 밀가루 포대 등 모든 요소 하나하나가 일관된 콘셉트를 가지고 있다.

판매하는 빵은 '베이글' 한 품목이지만 베이글의 종류는 10가지가 넘는다. 베이글에 쪽파와 양파, 부추를 넣어 크림치즈를 샌드 한 '쪽파 프레첼 베이글'은 한국인의 입맛에 잘 맞아 인기가 많다. 베이글에 발라먹을 수 있는 소스도 종류가 10가지가 넘어 골라 먹는 재미가 있다.

베이글 하나에 소스까지 합치면 1만 원이 넘는 비싼 가격이지만 고객들은 희소성의 심리 때문에 10개 이상씩 베이글을 포장해 가는 걸 볼 수 있었다.

작은 브랜드가 큰 브랜드를 이길 수 있는 가장 좋은 방법은 자신의 존재감에 집중하는 것이다. '런던베이글뮤지엄'으로 작지만 큰 존재감으로 남을 것인지 '유러피언 베이커리카페' 중 하나로 기억 속에서 잊힐 것인지는 선택이다. 모든 고객을 잡겠다는 욕심을 버리고 범위를 좁혀 디테일에 집중해 어떤 존재로 남고 싶은지 생각해보자.

런던베이글뮤지엄 제주

작은 브랜드는 제품이나 서비스의 범위를 최대한 좁히는 것이 좋다. 자신이 쓸 수 있는 에너지의 총량이 정해져 있고 일할 수 있는 인력도 크기도 한정되어 있기 때문이다. 〈골목식당〉에서 장사가 잘되지 않는 식당들은 메뉴가 복잡하다. 백종원 대표는 잘할 수 있는 하나의 메뉴로 범위를 좁히라고 한다. 대부분 한 가지에 집중하기 어려운 이유는 매출이 오르지 않으면 불안하고 주변의 경쟁자들을 보며 그들이 하는 것을 따라하기 때문이다.

얼마 전 하리보의 캐릭터 '골드베런'의 100주년을 기념하기 위해 '골드베런의 100주년 생일 기념전시가 열렸다. 하리보의 성공비결은 1,000개의 종류가 넘는 제품을 출시했음에도 구미 젤리라는 단일품목을 주력으로 내세웠다. 곰돌이 마스코트를 선두로 초콜릿이나 과자로 품목을 확장할 수도 있었지만, 젤리라는 본질에만 집중했기 때문에 브랜드의 정체성을 확고히 할 수 있었다. 캐릭터 역시 처음부터 지금까지 변하지 않고 '하리보는 아이들은 물론 어른들도 행복하게 해 줍니다.'라는 메시지를 일관성 있게 전달하며 동심으로 돌아가는 추억을 선물해 준다. 하리보가 제품군을 계속 늘렸다면 우리는 '하리보' 하면 젤리라는 이미지를 인식시킬 수 있었을까?

골든베런 100주년 전시

정리의 여왕으로 불리는 일본 출신 세계적인 정리 컨설턴트 곤도 마리에는 넷플릭스 시리즈 〈곤도 마리에 : 설레지 않으면 버려라〉라는 시리즈의 주인공으로 유명세를 얻었다. 주변에도 정리를 잘하는 사람이 많지만 곤도마리에처럼 자신이 좋아하는 일을 콘텐츠로 만들어 전 세계가 알아주는 브랜드로 만드는 사람은 흔하지 않다.

142cm의 평범한 일본인 주부가 어떻게 전 세계인의 마음을 사로잡은 걸까?

일본에도 정리전문가 협회가 30여 개나 있었지만, 그녀의 정리법은 독보적이었다.

그녀는 정리의 '테크닉'보다 '마음가짐'을 더 중시했다. 정리를 신비로운 인생의 철학이자 영적인 행위로 만들었다. 서양인들은 곤도의 정리법을 '동양에서 온 심오한 지혜'로 받아들였다. 그녀는 자신만의 정리노하우와 동양의 철학을 접목해 세계적인 정리컨설턴트가 되었다. 정리처럼 평범한 일도 자신만의 스토리와 개성을 입혀 차별화를 만들면 독보적인 존재가 될 수 있다.

자신의 분야에서 독보적인 발레리나 강수진의 인생은 지독한 발레연습으로 엉망이 된 발사진 한 장으로도 충분히 설명되지만 『한 걸음을 걸어도 나답게』를 보고 더 큰 감동으로 다가왔다.

그녀는 어린 시절부터 남과 비슷한 것을 참지 못하는 아이였다. 발레에서도 배우고자하는 의지는 누구보다 강했지만 대체할 수 없는 유일한 존재, '발레리나 강수진'이 되고 싶었다.

강수진이 발레로 표현하는 줄리엣은 특별하다는 평을 받았다. 발레를 할 때 모든 동작에 나만의 이야기와 감정을 담는다. 생각한 무대를 구현하기 위해 1분도 아까워하며 훈련에 매진한다. 한 스텝을 밟을 때에도 그 걸음을 의미 있게 만드는 최선의 노력을 계속해나갈 때 나만의 개성이 만들어진다. 유일한 경쟁자는 어제의 나라고 한다. 연습실에 들어서며 나는 어제 강수진이 연습한 것보다 강도 높은 연습을 1분이라도 더 하기로 마음먹는다. 무대에 오르며 어제 강수진이 보여준 공연보다 더 감동적인 공연을 보여줄 것을 다짐한다. 그녀의 책은 모든 페이지가 명언이다. 나는 모든 페이지에 밑줄을 그으며 그녀의 한마디 한마디를 가슴에 새겼다. 대체할 수 없는 유일한 존재가 되려면 경쟁자는 타인이 아니라 나 자신이어야 한다.

매일매일 자신을 극복하기 위해 노력하는 사람은 어제의 나보다 나아지기 위해 남과 비교할 시간이 없다. 다른 사람을 시기할 시간도 다른 사람과 비교해 자괴감에 빠지거나 자책할 시간도 없다. 나의 경쟁자는 언제나 어제의 나여야만 한다.

자신의 잠재력을 과소평가하지 마라. 자신이 진정 원하는 것이 무엇이고, 어떤 일을 할 때 가장 기쁘고 행복한지, 내면의 소리에 귀를 기울여야만 한다. 자기 자신과 많은 시간을 보내다 보면 내면에서 우러나오는 소리가 들릴 것이다. 영감이 오면 바로 행동으로 실행하라. 그 일에 미쳐보라. 몰입하지 않으면 실현되지 않는다. 파브르는 곤충에, 포드는 자동차에, 에디슨은 전기에 미쳐 있었다. 당신은 지금 무엇에 미쳐 있는가? 자신의 목표를 향해서 될 때까지 끊임없이 나아가라. 넘어져도 계속 다시 일어나라. 자기 내면에서 찾은 진정한 꿈은 반드시 이루어진다. 노력 없는 성과는 없다. 아무리 뛰어난 재능과 매력이 있는 브랜드라도 꾸준한 반복 없이는 브랜드가 될 수 없다. 꾸준히 반복하며 어제보다 나은 오늘을 만들어 나가야 한다.

나만의 속도로 나답게 꾸준히 걸어 나간다면 당신은 자신의 분야에서 누구도 대체할 수 없는 유일한 존재가 될 것이다.

## 에필로그

나는 8년 전 내 브랜드를 창업하면서 내 꿈을 이뤘고 고객들에게 사랑받는 경험을 했다. 그 경험을 통해 내가 느낀 것들을 공유하며 지금 창업을 시작하려는 사람, 또는 사업에 어려움을 겪는 사람에게 도움을 주고싶다는 생각으로 블로그에 글을 쓰기 시작했다. 그 후 유튜브에도 공유하기 시작했고 브랜딩에 어려움을 겪는 사람들을 직접 코칭하며 상담을 통해 고맙다는 인사도 많이 받았다. 인생의 절반쯤 왔을 때 책쓰기를 통해 나의 경험들을 모두 정리하는 시간을 가졌다. 누군가 한 사람이라도 이 책을 읽고 용기와 도전을 얻을 수 있다면 내가 이 세상에 태어나 사회에 기여할 수 있다는 삶의 의미를 찾을 수 있을 거 같았다.

책쓰기는 SNS 글쓰기와는 다르게 나의 내면의 모든 것을 있는 그대로 펼쳐놓을 수 있는 곳이었다. 그때부터 잠시 남들의 시선을 의식하며 쓰는 SNS를 멈추고 책쓰기에 매진했다.

나 자신의 과거와 현재 미래와 만나며 나 자신을 온전히 이해하는 시간을 가졌다.

내 자신의 잠재력을 다시 한번 확인하며 나와 설레는 만남의 시간을 가질 수 있어 행복했다.


엄마가 된 후 새로운 도전을 할 때마다 자꾸 잘 가다 넘어지고 마음대로 되지 않아 좌절하며 눈물을 흘리던 날들이 수없이 많았다.

육아를 하면서 A4용지 한 장을 채우려는 일도 큰 의도를 세우지 않으면 하기 어려운 일이었다. 어떤 날은 새벽에 글을 쓰려고 하면 아이가 계속 일어나서 엄마를 찾아 10번은 침대에 누웠다 일어난 적도 있다. 매일, 아이가 일어날까 봐 마음을 졸이면서도 글쓰기를 포기하지 않았다. 그렇게 끝날 것 같지 않았던 시간이 1년이 지나고 원고가 완성되었다.

출판사에 투고할 때의 마음은 "이건 된다."라는 확신 100%의 상태였다.

그동안 많은 목표를 세우고 실행해 봤지만, 그것이 진짜 내가 원하는 것일 때는 이루어졌고 내 것이 아닌 남을 따라 하는 목표일 때는 이루어지지 않았다. 많은 사람이 남들의 성공을 바라보며 따라 하지만 얼마 못 가 포기하는 것은 그것이 자신이 진짜 원하는 목표가 아니기 때문이다. 내가 진짜 바라는 꿈과 목표는 포기하지 않으면 반드시 이루어진다.


우리가 어떤 일이나 목표 달성에 실패하는 원인은 남들과 비교에서 오는 조급함이다.

SNS에서 나만 빼고 모두가 잘나가는 것 같고 모두 몇 억씩 벌어 경제적 자유를 이뤘다며 그 방법을 알려준다는 강의가 계속 팔리고 있다. 그럼 조급해지며 나만 바보같이 느껴지기도 한다. 그렇게 강의를 듣고 따라 해보다가 안 되면 금방 다른 강의를 들으러 간다.

이제 더 이상 남들의 성공을 따라 하지 말고 자신이 진짜 원하는 꿈의 힌트를 찾아라. 그 일의 끝 그림을 그리고 한 계단씩 밟아 올라가 보라. 그 과정에서 행복을 느껴라. 자신의 속도대로 가야 지치지 않고 도달할 수 있다. 누군가는 에베레스트 산이 목표일 거고 누군가는 동네 작은 산이 목표일 것이다. 올라가는 속도도 전부 다를 것이다. 옆 사람이 빨리 간다고 해서 내가 서두를 필요는 없다. 그 사람의 목표는 산의 정상일 수도 있고 나의 목표는 산의 풍경을 감상하며 그 풍경을 즐기는 것일 수도 있다. 사람마다 모두 체력과 성향은 다르며 목표도 다르다. 남과 비교하는 것이 의미가 없는 이유이다. 빨리 가는 것보다 더 중요한 것은 지속할 수 있는 꾸준함이다. 꾸준함은 타고난 재능을 뛰어넘는 힘이 있고 불가능을 가능하게 만들어주는 힘을 가지고 있다.

과거에는 내가 누려왔던 행운들이 당연한 것으로 생각했고 노력하면 어떤 일이든 해낼 수 있다는 자신감이 있었다.

나이가 들다 보니 그 행운도 때가 있다는 걸 깨달았다. 어떤 시기에는 아무리 노력을 해도 모든 일에 행운이 따라주는 거 같지 않아 힘들었다. 지나고 보니 과거에 내가 누렸던 행운들에 감사하게 되었고 행운이 따라

오지 않는 시기에도 제2의 행운의 시기를 준비하며 더 노력하게 되었다. 아마, 내가 어려움의 시기를 겪지 않았다면 지금 잘 안 풀리는 사람들의 마음을 알지 못했을 것이다.

행운이 찾아오는 때는 사람마다 다르다. 누구는 그 행운이 20대에 오기도 하고 누구는 30대, 누구는 70대에 오기도 한다. 그 시기가 언제인지는 아무도 모르지만 그 행운을 만나기까지 아무것도 노력하지 않는다면 그 행운마저 주어지지 않는다. 행운과 기회는 내가 만들어 나가는 것이지 그냥 주어지는 것이 아니다.

주변에 운이 좋다는 사람들을 보면 그들은 한 번에 성공한 것 같지만 사람들이 잘 모르는 내공을 오랫동안 쌓아온 것을 알 수 있다. 그 노력이 점점 쌓여서 큰 행운을 만났을 때 크게 터지는 것이다. 어떻게 보면 행운은 늦게 찾아올수록 좋을 수도 있다. 내공이 쌓여 행운이 터졌을 때 그 행운을 전부 내 것으로 받을 수 있을 만큼 내공이 커져 있을 것이기 때문이다.

지금, 아무리 노력해도 달라지는 게 없다면 절대 포기하지 마라. 될 때까지 계속 전략을 수정하며 포기하지 않는다면 행운은 반드시 온다. 그때까지 매일 1%씩 더 노력하고 성장하자.

내면의 비판자가 "너는 자격이 안 돼", "너보다 잘하는 사람은 세상에 많아" 이렇게 외칠 때마다 긍정 확언을 외쳐라. "나는 점점 내가 원하는 모습으로 매일 성장하고 있다.", "반드시 나의 때는 온다.", "모든 사람이 나와 일하고 싶어 한다.", "나는 최고의 내가 되어가고 있다."라고 말이다."

모든 사람은 매일 내면의 비판자와 싸우고 있다. 당신만 그러는 것이 아니다.

책에 내 이야기를 펼쳐놓고 보니 내가 실패했다고 생각했던 그 일들은 어느 하나 소중하지 않은 경험이 없었다. 그 일들을 시도하지 않았더라면 지금의 나는 없었을 것이다.

나는 내일 더 멋진 행운과 더 멋진 나를 만나기 위해 오늘도 1% 더 내공을 쌓아가는 중이다. 당신에게도 반드시 행운이 올 것이다. 그때까지 매일 성장하는 나를 만나는 과정을 즐겨라!